儿童视角的实践研究丛书

儿童视角的户外环境创设

王　瑜　王海英◎主编

浙江教育出版社·杭州

编　委　会

主　　编：王　瑜　王海英

编　　委：朱　虹　于小燕　赵林芳　冷　慧

王海英　鲍雪华　浦丹丽　朱华凤

徐佳佳　王翠萍　郁　洁　韩　静

郭　磊　邱海虹

丛书编写说明

有人曾说:“世界上最美的表情是孩子的微笑,最美的舞蹈是孩子的蹒跚学步,最美的语言是孩子的牙牙学语……”随着“以儿童为中心”的教育观念逐渐得到教育工作者的广泛认同,我们看到了幼儿带给我们的惊喜,他们的奇思妙想让我们拍手叫好,他们的童言稚语令我们忍俊不禁,他们的古灵精怪使我们啧啧称奇,幼儿以竹为马,以枝为剑,驰骋在自己的世界里,乐此不疲,他们诚挚地邀请我们走进他们的世界,与他们一同嬉戏。

可是,犹如在茫茫大海寻找前行的灯塔,在浩瀚沙漠寻找一处美丽的绿洲,进入儿童世界的通道并没有想象中的那么平坦顺畅。我们常常在行动中迷失了方向,在摸索中走错了道路,南辕北辙,离我们心里期盼的儿童立场渐行渐远。迷路的我们着急、无奈、困惑,我们想早些找到通向儿童世界的大门,走近他们,与他们一道分享成长的喜悦与烦恼,但是,我们该怎样前行呢?

于是,“儿童视角的实践研究”丛书应运而生,这是一套兼具指导性、支持性和研究性特点的丛书,由南京师范大学“儿童视角下的幼儿园实践研究团队”联合众多有丰富教学经验的优秀教师编写而成。这套丛书包括了《我是小小设计师》《我的思维小地图》《我的资源小地图》《我是幼儿园小公民》《我是小小观察员》《从主题墙到主题海报》《儿童视角户外环境创设》《儿童视角的课程故事》等八本著作，全方位、立体化地呈现了儿童视角下的幼儿园实践案例。丛书既可以为不同地区、不同水平的教师提供教育指导，也可以通过展示以儿童为中心的幼儿园系列活动，为关注儿童立场的研究者们之间的交流提供原动力。

我们认为，这套“儿童视角的实践研究”丛书，在以下几方面具有突破意义的研究成果。

1. 回归儿童生活，挖掘儿童生活中的教育点

儿童生活是儿童生命过程的重要组成部分。强调儿童的生活，即是在强调儿童是他本身生活和学习的主人，应充分发挥其自觉性和主动性。而只有当教育实践与儿童生活产生连接，实践才具备深厚的土壤。可以说，儿童生活是教育实践活动的出发点与归宿。自2012年《3~6岁儿童学习与发展指南》颁布以来，众多幼儿园逐渐树立了“一日生活皆课程”的教育理念，幼儿园以生活化教育理念为导向，开展了各种各样的活动。以儿童生活为中心的课程开展对教师的专业能力提出了越来越高的要求，已经成为现阶段课程发展的重点和难点。鉴于以上原因，本丛书第一次对幼儿周边生活中可作为教育契机的事物进行了梳理，通过关注儿童的兴趣点，帮助他们组织零散的生活经验，使得经验系统化、完整化。书中所呈现的每一个具体案例均根植于幼儿鲜活而具体的生活情境和问题情境，展现了对儿童生活充分的尊重、接纳和信任。

2. 理解儿童经验，呈现对儿童生长的反思性认识

“在万物的秩序中，人类有它的地位；在人生的秩序中，童年有它的地位；应当把成人看作成人，把孩子看作孩子。”18世纪启蒙运动思想家卢梭在他的著作《爱弥儿》中提出这样的论断。皮亚杰则在心理学上解释了儿童的理解具有不同于大人的独特性，学习的本质是经验的建构过程。然而怎样才算是把“孩子”看成“孩子”，理解孩子的理解呢？在过去若干年的实践中，我们逐渐认识到当今的幼儿园教育实践应当重视儿童的经验，即要落实“以儿童为中心”的教

育理念和教育行动，需要教育者不断研究儿童的经验，研究儿童的思想和观念、研究儿童的体验和情感等。这样的理念从头开始就蕴含在本丛书的打造之中。为了回应这一问题，丛书真实展现了儿童不加修饰的作品记录、儿童的话语，并做出了相应的反思和解释，努力从内容和形式上都能够达到思考儿童的思考、体验儿童的体验。

3. 支持儿童探究，为儿童的自主学习搭建支架

儿童视角的实践研究包括了相互联系且融为一体的两个方面，即儿童的实践和教师的实践。儿童的实践意味着教师退居舞台的后方，由儿童自主自发地与环境互动产生系列经验，进而实现其发展的目的。教师的实践则意味着教师为儿童实践开展所做的系列准备以及对儿童的观察、指导和研究等。我们认为：教师不是在儿童的实践之外做准备，也不是为了某个外在的教育目的而指导儿童，儿童的实践和教师的实践应当完全融合在一起。所以尽管本套丛书的主角是儿童，但是丛书使用了小贴士、教师反思等形式解释了教师如何帮助儿童不断建构和提升知识经验，还呈现了基于儿童视角的教师实践应当如何准备和进行的实践案例。

目前，呈现在读者面前的这套丛书是“儿童视角的实践研究成果”的阶段性小结，由八本著作构成，包括了儿童视角下的主动探究、儿童视角下的社会互动和儿童视角下的教师实践等三个系列。

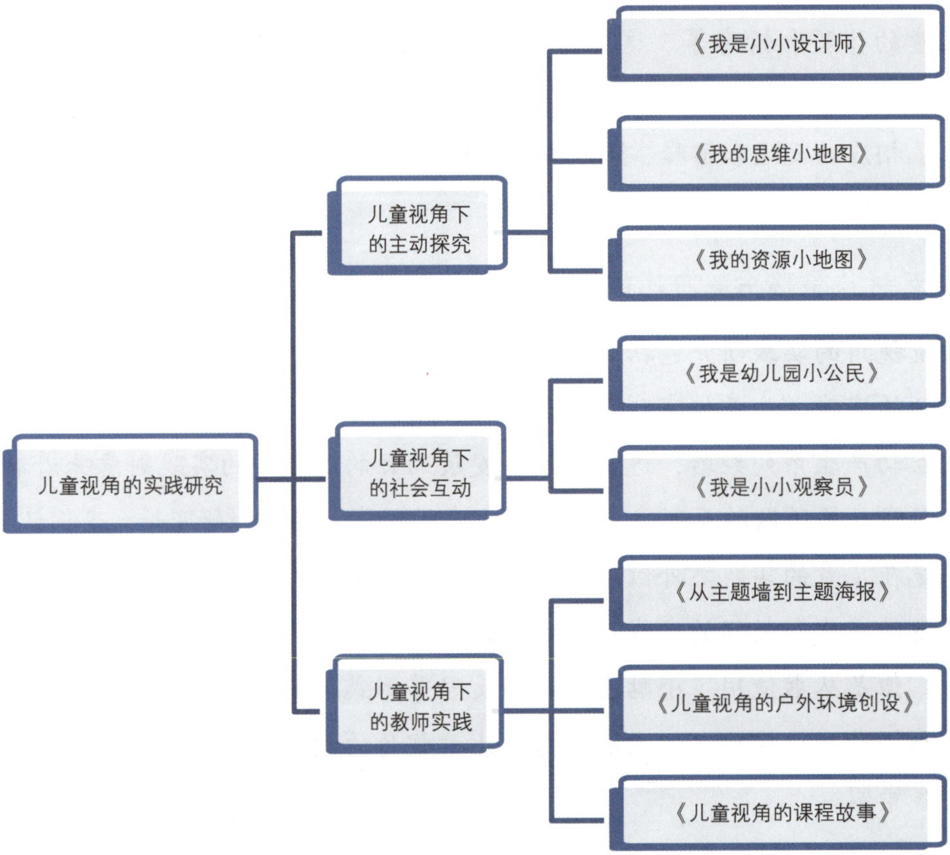

"儿童视角下的主动探究系列"强调儿童如何与周围环境互动产生经验，旨在理解并发展儿童的探究能力，并帮助教师运用相关方法，支持儿童的思考和问题解决。

《我是小小设计师》一书将"儿童是幼儿园的主人"理念落实于行动当中，儿童对有限的空间环境进行无限的想象和创造，从而打造了真正的儿童空间，体现了儿童的潜力和创造力。从案例中，读者可以发现幼儿在自我决策、自主操作、合作互助中持续生长的状态，并可借此反思现有的教育实践问题。本书为幼儿园空间回归儿童立场，铺展了新的路径，并提供了方法实操的指导。

《我的思维小地图》一书在理论层面梳理了目前有关思维导图、深度学习等热门理论，在实践层面以儿童自主创作的思维导图为着力点，力求在儿童如何进行个性化表达、不同年龄段儿童的表征有何特点、教师如何和幼儿互动以实现儿童的深度学习等层面与读者对话，针对当前教育实践中的普遍性困惑提出指导建议。

《我的资源小地图》一书强调幼儿对身边资源动态化、多元化的利用和改造，其中既包括幼儿对幼儿园物种的调查、分析和统计，也包括幼儿对园所空间的挖掘、利用和互动。在本书的案例中，读者将会看到资源不仅仅是具有装饰性、观赏性作用的静态物质环境，而是真正进入儿童视野，成为儿童学习过程的重要组成部分。

“儿童视角下的社会互动系列”强调人与人之间的相互作用，旨在理解并感受儿童与儿童、儿童与世界之间的关系，由此关心儿童生活的现实意义，并帮助教师运用相关方法，支持儿童的社会合作和互动。

《我是幼儿园小公民》一书通过反思现阶段幼儿园活动中成人—儿童对立的怪圈，提出实践活动要彰显儿童权利，展示儿童的参与意识和责任感。在该书的案例中，儿童通过系列活动，参与和自己有关的园事务决策，确认了自我存在感以及公民意识，同时一种尊重儿童权利的文化也在慢慢形成。

《我是小小观察员》一书介绍了儿童如何以“支持者”的身份介入到与同伴的交往当中。在本书的案例中，读者可以看到儿童教育儿童、儿童鼓励儿童、儿童指导儿童等诸多鲜活案例。本书旨在通过“观察员”这一角色，捕捉儿童与儿童互动的“哇”时刻。观察员的诞生和形成不仅能够使被观察儿童受益，也让观察儿童本身成长为“有能力的同伴”。

“儿童视角下的教师实践系列”强调儿童视角下的教师行动。在以儿童为中心的教育实践中，教师必须考虑到儿童的需求，一切措施也必须真正围绕儿童展开。

《从主题墙到主题海报》一书旨在对主题墙进行重新定义，通过案例探索如何帮助教师摆脱以教师为中心的主题墙创设、如何将环境交还给儿童。以案例为依托，书中涵盖了主题海报思维

导图、教师海报、儿童海报等概念的内涵、特点，如何分析及操作等的相关信息，对于运用主题海报这一工具来说非常有必要。

《儿童视角的户外环境创设》一书关注户外环境与儿童发展的关系。一方面强调了户外环境对儿童发展的价值，另一方面通过对户外环境区域设置的实例描写，聚焦场地区域化的合理利用，从而打破了传统印象中对幼儿园户外场地“只是运动场地”的刻板印象。作为理论与实践兼备的指导用书，读者在阅读和思考中不仅能够拓宽视野，而且能够将指导方法应用在实践中。

《儿童视角的课程故事》一书旨在考察儿童在课程故事中所起到的主导及推动作用。当课程故事引入儿童的视角，处处充溢着儿童留下的智慧而机敏的话语时，当课程故事随着儿童的不断尝试、不断体验而得以被推动时，读者也会跟随儿童的步伐，与书中的儿童对话，不断提升教育的敏感性。本书所列举的课程故事并没有那么让人惊喜与完美，但重要的是，这是孩子自己的故事。

当然，通往儿童世界的道路远不止这些，我们期待这套丛书能带给愿意走进儿童世界并与儿童一起成长的您一些思考和灵感，帮助您在幼儿教育的实践中找到适合自己的坦途。

说明

近年来，随着《国务院关于当前发展学前教育的若干意见》《教育部办公厅关于开展幼儿园“小学化”专项治理工作的通知》《中共中央国务院关于学前教育深化改革规范发展的若干意见》等一系列国家政策的发布，学前教育的发展受到空前重视，学前教育步入了快速发展的时期。2014年，江苏省率先吹响了幼儿园课程游戏化改革的号角，并设立先导项目带动实施，以游戏为基本活动的理念在幼儿园课程改革中得以强化。江苏学前教育内涵发展取得了显著成效，课程游戏化理念已经深入人心，幼儿园的育人环境、教师的观念、儿童的学习状态都发生了巨大变化。

环境对于儿童的发展具有重要的作用，建构主义将儿童的学习视为儿童与环境的互动过程。《幼儿园教育指导纲要（试行）》也指出：环境是幼儿教育中重要的资源，教育工作者应该通过环境创设促进幼儿的全面发展。本书聚焦江苏省课程游戏化进程中部分幼儿园在户外环境创设方面的经验和做法，从实践层面展现了户外玩沙区、玩水区、涂鸦区、种植区等13个常规性区域的环境创设。本书立足儿童视角，从儿童发展的需要和儿童学习的特点出发，从户外区域划分、材料资源、内容选择和有效支持四个部分，详尽阐述了幼儿园户外环境创设的具体做法。环境创设着眼于儿童的学习特点，从丰富性、层次性、开放性以及挑战性来综合考量，创设符合儿童兴趣需要、满足儿童学习与发展需要的户外环境。环境创设案例具体、实用，图文并茂、条理清晰、儿童视角鲜明，具有很强的操作性和实践性。本书可为幼儿园教师创设户外环境拓展思路，扩大材料选择的范围，增强环境的创设能力，为教师有效组织户外游戏提供有力的支持和帮助。对于已经开展和准备开展户外游戏的幼儿园来说，具有很强的借鉴价值和指导意义。

王瑜

目录

小沙粒 大玩家

小水渠 大发现

小泥巴 大智慧

小种植 大体验

小动物 大探秘

小涂鸦 大畅想

小乐曲 大浸润

小装扮 大社会

小用具 大生活

小积木 大世界

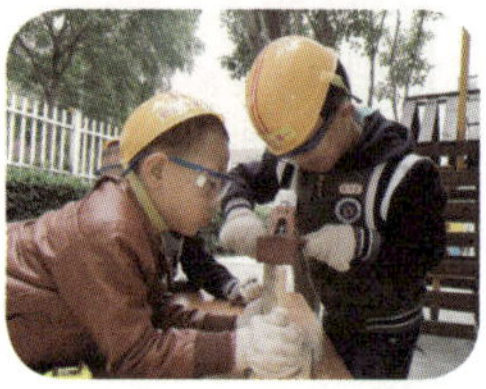

小木工　大视野

小骑行　大天地

小运动　大成长

小沙粒 大玩家

户外玩沙区环境创设

无锡市芦庄实验幼儿园 鲍雪华、郁 洁、邱海虹 撰写

XIAO SHA LI DA WAN JIA

沙子是一种低结构、没有既定玩法的自然材料，因而沙艺活动作为一种独特而新颖的艺术创作形式，对幼儿而言有着无限发展可能。幼儿在玩沙活动中可以自由、自主、创造、愉悦地玩，时而撒、时而抹、时而堆、时而雕，他们用自己喜欢的方式、速度，和伙伴们随性而为、随性而创，天马行空、自由自在，任想象驰骋、任心灵放飞。玩沙引发了幼儿许多奇妙的艺术想象和无尽的探索欲望。生动、丰富、有趣的户外玩沙活动让幼儿获得了丰富的认知经验和活动乐趣，打开了他们认识、了解世界的大门，激发了无限的想象和创造，进而使得幼儿在愉悦中获得了无穷的发展机会和无限的情感体验，帮助幼儿形成敢于探究和尝试、乐于想象和创造等良好的学习品质。

一、满足儿童需要的玩沙区区域划分

玩沙区的区域划分可以根据幼儿园空间布局、沙子的种类、幼儿游戏人数以及师资状况等多个因素确定，也可以根据现有场地、玩沙内容和材料来确定。一般可以分为四个区域：放置和储存工具的材料区、幼儿自主游戏的开放性嬉沙区、清洗工具和手脚的整理区以及作品分享区。玩沙区的基础性设施建议：

1 放置和储存工具的材料区

有用来盛放玩沙工具的材料架及盛放和储存彩沙的沙斗。（图1～2）

图1　玩沙工具材料架

图2　储存彩沙的斗和缸

2 幼儿自主游戏的嬉沙区

有用于倒模灌模、堆沙挖坑、沙雕等游戏的大面积嬉沙池和用于浮雕创作的浮雕墙。（图3～4）

图3 嬉沙池

图4 浮雕墙

3 清洗工具和手脚的整理区

有用于幼儿清洗工具和手脚的洗物池和洗手池。(图5)

4 展示幼儿作品的分享区

有户外展示架、展示墙、展示长廊等展示空间。(图6)

图5 洗手池

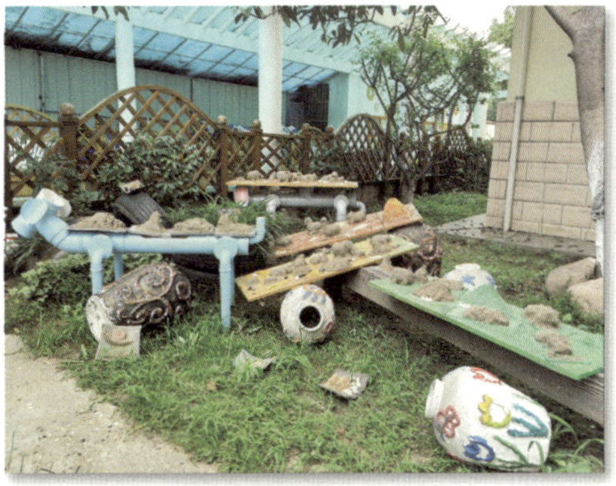

图6 展示长廊

二、支持儿童操作的玩沙区资源准备

玩沙区的材料丰富多样，教师可根据时间、地点、游戏内容和游戏者能力水平的不同进行选择与投放，鼓励幼儿就地取材、一物多用，尝试使用替代物，也可以根据现有资源和幼儿兴趣需要让幼儿灵活自选。

1 模子工具：倒模工具（收集的各类小桶、盒子等）、灌模工具（自制大小不同的长方体、正方体模具等）。(图7～8)

2 雕刻工具：钢尺、雕刻刀、泥工刀、毛刷等。(图9～10)

图7 倒模工具

图8 灌模工具

图9 自制沙雕工具

图10 使用工具

3 挖运工具：大小铲子、水桶、小推车、水壶、勺子等。(图11～12)

图11 水桶

图12 铲子

4 筛漏工具：大小筛子、漏斗、流沙瓶、沙绘模板等。(图13～15)

图13 筛子

图14 流沙瓶、沙绘模板

图15 幼儿使用沙绘模板游戏

5 拓印材料：自制拓印工具，如报纸球、丝瓜筋、蔬果等。（图16）

图16 拓印工具

6 装饰材料：小石子、松果、树枝、树叶、木块、木桩、贝壳等。

7 其他材料：PVC管、吸管、竹签、裱花袋、颜料、胶水、小扫把、镊子等。

户外玩沙区的材料一般以自然材料、木制品及塑料制品为主，既安全轻便，利于幼儿操作，又容易清洗与消毒。在积累了一定的活动经验后，教师可以与幼儿一起将工具材料做进一步的设计与开发，使材料更便于幼儿使用操作，满足幼儿不同的需求，如：用牙刷柄和塑料硬片制作成不同型号的沙雕工具，让幼儿在游戏中可以根据实际需要自由选择；用裱花袋、胶水、沙子、颜料制作成沙糊笔，让幼儿在挤一挤、画一画的创作过程中，感受玩沙活动的乐趣以及探索的魅力。（图17）

图17 沙糊笔

总之，工具和材料的选择不仅要贴近幼儿的发展水平和兴趣、需要，而且也要结合不同的玩沙内容，灵活选择和投放，并在活动中逐步增加和调整活动材料的种类与数量，不断满足幼儿的创作需求。

三、适合儿童发展的玩沙区内容选择

沙粒极为细小，作为一种自然游戏材料，它和泥土、石子一样蕴含着无限的可创造空间。沙子松散、流动、可塑性强，颜色深浅不同、粗细不同、干湿不同的沙子，不仅能表现静态的美，而且也能表现流动的美。沙子与众不同的质感、意韵，让幼儿在创作时可以随心所欲。在与沙子互动的过程中，幼儿能获得丰富的情感体验，玩出趣味，玩出创意！

1 沙雕创作

（1）浮雕创想

幼儿园设有浮雕墙，幼儿可在黄沙中掺入一定比例的水，沙与水搅拌均匀后，易于附着在墙面上。随后幼儿可以用涂、抹、甩、压、拍等手法在

图18 浮雕创想

墙面进行涂鸦创作，然后用雕刻刀、泥工刀等工具在现有图案上进行涂抹雕刻。幼儿也可根据自己的想象，创作出凹凸有致的浮雕造型。（图18）

（2）微型沙雕

将水与沙按一定的比例搅拌均匀，沙便具有了易于塑形的特点。这种沙便于幼儿根据自己的设想，堆成沙堆或使用各种模具做成沙模。幼儿可以借助竹签、钢尺、雕刻刀等雕刻工具，或刻、或雕、或刮、或抹，再加以组合、叠加，还可用彩沙或其他材料进行装饰，让沙雕变得更为生动形象，更具立体感。（图19～20）

图19　雕小鱼

图20　恐龙创作

（3）沙池建构

在略带湿度的大型沙池中，幼儿以小组形式商讨主题，分工合作。他们使用倒（灌）模工具、水桶、铲子、钢皮尺、木板、树枝等材料，用沙进行倒（灌）模、堆高、连接、架空、雕刻等再加工创造，在改变沙子原有松散、流动形态的基础上，建构出建筑物或者是想象中的物体造型，使其呈现出立体效果。（图21～22）

图21　建构大桥

图22　建构全景图

2 创意沙画

（1）沙糊创意

将白沙、颜料和糨糊按照一定的比例搅拌均匀，做成沙糊。幼儿可随性地抛撒和拓印，在纸面上形成形态各异、色彩斑斓的点和面以及粗细不同的线条等，然后再根据画面的需要进行想象点缀。沙糊干后，画面会呈现浮雕般的立体效果，给人以强烈的视觉冲击，大气、灵动的画面风格，张扬着幼儿天真烂漫的艺术创想。（图23～24）

图23　沙糊创意（一）

图24　沙糊创意（二）

（2）彩沙抹画

教师将白沙和颜料按一定的比例混合成彩沙以备用。待彩沙曝晒、消毒后，幼儿可将五彩的沙粒轻轻洒在底板上，通过手掌、手指的配合，十指随意地撒、抹、点、捏等，勾勒出画面，演绎出唯美、流动的沙绘创作。（图25～26）

图25　彩沙抹画

图26　彩沙抹画作品

（3）堆沙创意

幼儿将黄沙、白沙分别掺水搅拌至易于塑形的状态，然后根据自己的想象，双手抓沙进行捏、团、堆、拍、压等动作，堆砌、勾勒出高低起伏的沙画，再借助手指、树枝、竹签进行抠、挖、刻等雕琢，形成有色调对比、高低错落的立体堆沙作品。（图27～28）

图27　幼儿玩堆沙

图28　幼儿创作的小农庄

（4）拓印畅想

同样的沙糊有着不同的艺术表现手法。丝瓜筋、蔬果、报纸球、滚筒等变成幼儿手中的拓印工具，小手自由地印、滚、画，加上沙糊笔、毛笔的勾勒点缀，呈现出鲜亮、活泼且富有童趣的沙糊拓印。（图29～30）

图29 沙糊拓印创作

图30 幼儿合作沙糊拓印

3 沙地运动

幼儿园设有的大片天然沙地成为幼儿自由玩耍的开放场所。沙地有着松软的特性，幼儿可以在其中自由奔跑、跳跃，以不同的形式开展体育锻炼，如沙滩排球、沙地高尔夫等小组运动对抗赛，这些活动可以培养幼儿的合作精神和团队意识。（图31～32）

图31 沙地拳击

图32 沙地排球

四、支持玩沙区活动开展的有效策略

沙是大自然的产物，玩沙游戏是幼儿在想象的基础上，以沙为基本材料进行建构和创想的游戏。沙雕创作、创意沙画、趣味玩沙等丰富多彩的玩沙活动为幼儿提供了一个开放、自主的游戏环境。

1 看——发现玩沙材料

用材料吸引幼儿“看”，帮助幼儿获得对游戏材料的直观感性经验，激发幼儿创作的兴趣。教师提供开放性的活动材料，包括开放性的玩沙工具、来自于身边的自然物与废旧材料等，为幼儿的创作提供支持，当幼儿有发现和需要的时候，这些材料就可以进一步引发幼儿的探究欲望。

案例：流沙瓶（中班）

最近，中班的幼儿对买卖商品产生了兴趣，他们将沙艺活动和角色游戏融合起来。沙艺活动开始了，诚诚和妞妞结伴来到“旅游超市”，开始“理货”了。

“这是红色的沙，这是黄色的沙，这是绿色的沙……”诚诚把彩沙盒子从材料箱中取出，一边摆放，一边自言自语说着彩沙的颜色。“我发现今天的彩沙有粗有细，妞妞，你看看是不是？”诚诚向妞妞递过了其中一盒红色的沙，妞妞看了看说：“是的，这个粗一点！”妞妞再看看桌上的彩沙，说：“这几盒的沙都有点粗，待会灌在瓶子里看看，会不会也很好看？”诚诚用手抓一把细沙，让沙从指间流下，又抓一把粗一点的沙，让沙从指间流下，嘴里不停说着：“真好玩！”妞妞睁大眼睛对诚诚说：“今天除了彩沙、小石子、彩纸以外，还有好看的小贝壳哦！”妞妞拍起了小手，“今天我们可以做出更漂亮的流沙瓶！”说着，诚诚尝试着一层细沙，一层粗沙，一个颜色又一个颜色灌起沙来，嘴里还不停地说着：“一层红沙，一层黄沙，再一层白沙……”妞妞动作快，灌好一层层漂亮的彩沙，将小石子和贝壳装进瓶子里装饰起来。“贝壳放进瓶子里，真的很好看，你瞧瞧！”两个小伙伴你一言、我一语，边聊边玩。（图33）

图33 旅游超市

幼儿自主摆放、整理游戏材料已经成为一种常态。在开放性的玩沙区域活动中，教师不需要特意去介绍材料，但需要通过对前一次游戏的观察和回顾，再根据幼儿的兴趣和需求适时地提供适宜的、能激发幼儿兴趣的材料。幼儿通过“看”来关注身边的游戏材料，发现材料的变化，进而有更多的探究行为，引发更高水平的游戏。

2 思——制订玩沙计划

“思”就是设想和思考，它会使游戏具有很强的目的性，增强游戏的持续性、复杂性，帮助幼儿解决更多的问题。在确定玩沙内容之前，幼儿可以根据自己的意愿与需要，自由选择主题，自由结伴，制订玩沙计划书，将“玩什么”“怎么玩”“和谁玩”“需要什么材料”等想法记录在纸上。幼儿带着自己的想法去开展和推进游戏内容，成为游戏的设计者和主导者。

案例：讨论计划书（大班）

在大班幼小衔接主题——“我理想中的小学”系列活动中，大型的沙池建构活动让幼儿兴奋不已。每天来园后的晨间活动，就是幼儿最宝贵的绘制游戏计划书的时间，他们会三五成群挤在一起，在一张白纸上设计他们的“蓝图”。

爱画画的卉卉用彩笔敲着自己的脑门若有所思地说：“我心中小学的房子是怎样的呢？”朋朋在一边接过了话茬：“我还是喜欢城堡一样的屋顶，最好房子上面有个滑滑梯，我就能直接滑下来啦！”卉卉说：“这个主意不错，我也喜欢，那我把它画下来吧！”卉卉边画边说：“这里画个可以钻的山洞，我们可以在里面做游戏！”田田说：“小学里应该有好几栋房子的，我们要多建几栋房子！卉卉你再画两栋房子吧！”“好的！”卉卉边说边画。“不对，不对！后面的房子要画得小一点，前面的房子画得大一些，应该要近大远小！”听了田田的建议，卉卉及时进行调整。“房子可以用倒模的方法，卉卉画的一个大山洞和两个小山洞，我们可以用什么来建构呢？”朋朋皱着眉头在思考。“可以拿水管吗？”田田问。“水管太细了，看不出来。对了，玩沙工具里有大水桶和小水桶。”朋朋对自己的想法表示满意，得意地点着头！

很快，幼儿完成了游戏计划书的初稿——小学设计图纸。图纸上的房子有像城堡一样的屋顶造型，几栋建筑物的排列呈现出左右、前后的空间效果。小组的伙伴合作完成了“心中的小学”蓝图设计。（图34～35）

图34　幼儿玩沙计划书

图35　幼儿自由创作

建构活动前的构思活动大大增强了大班幼儿完成任务的计划性和时效性，更体现出幼儿自主、专注、创新的良好学习品质。

3 说——小组合作交流

“说”即交流，教师鼓励幼儿大胆表达、交流交往、积极体验小组合作。在户外沙池建构游戏中，由于倒模、灌模的工具较大，建构区域较广等原因，幼儿之间的小组合作显得尤为重要。游戏中往往要通过小组的合作，才能达到预期的效果。因此，幼儿为了完成建构任务，就会通过协商分组、分工合作、交流讨论方式时刻分享想法，共享观点，并在过程中不断尝试寻找解决各种问题的方法。

案例：合作脱模（大班）

大班“我理想中的小学”沙池建构活动开始了。朋朋、卉卉、田田一起合作，把他们小组的玩沙材料搬到了沙池边。卉卉拿来了一个灌模箱子，她将灌模箱子平稳地放在了沙地上，又拿来了一个铲子，不停地往箱子里铲沙。一旁的朋朋在往一个小一点的灌模箱子里装沙。卉卉拿的灌模工具大，装了很久的沙，还没有装满。卉卉边装沙边站到箱子里把沙踩踩结实，使得沙子在箱子里又矮了一截，她对旁边的朋朋说：“我们一起合作吧，先把我箱子里的沙装满！这里要装很多沙，我一个人太慢了。”朋朋又喊了正在挖沟的田田，三个人一起装沙，边装边把沙踩结实。

图 36　合作脱模成功

图 37　雕刻门窗、完成屋顶创作

图 38　合作完成山洞创作

图 39　沙池中无处不在的合作

不一会儿，灌模工具里的沙装满了，卉卉用手把灌模箱子的四周拍了一圈，说：“来来来，准备脱模啦，我们每人托住箱子的一个角，慢慢地脱模，一定要小心，塌了就失败了。”田田说：“三个人不够。”只见田田叫来了旁边的亮亮，“我们四个人，一人托住箱子的一个角吧，这样就会成功了。”四个人一人托住一个角，小心翼翼地将模子脱出来。“成功了！成功了！”“你再来处理房子上面城堡的屋顶吧，我来雕刻房子的门和窗，我们先完成一栋房子。”卉卉对旁边的朋朋说。经过合作，三个小伙伴成功建构了两栋房子。两栋房子建好后，卉卉开始建构中间的山洞，她先把三个桶放在中间，但是怎么也放不好，连续两次垒上去滑下来，她急忙说：“朋朋快帮帮我，桶老滑下来，我们要来造中间的山洞了，你帮我扶着桶，我把沙子盖在水桶上，看看行不行？”朋朋扶着水桶，卉卉用沙拍在水桶上，水桶嵌在沙里了，山洞成形了……（图36～39）

幼儿在玩沙活动中有很多同伴间合作的机会，除了设计计划书、讨论主题需要合作，使用工具时也需要合作，特别是灌模脱模的关键时刻，更需要幼儿合作才能获得成功。在玩沙过程中，团队的合作需要幼儿不断地“说”，努力与同伴、老师进行沟通，将自己的想法和意愿传递给大家，进而达成共识，形成统一的意见，步调一致地完成游戏任务。同伴交流，不仅可以增强幼儿的社会交往能力，而且可以让幼儿获得团队意识和合作精神。

4 玩——积极表现作品

“玩”是幼儿的天性，持续地“玩”，专注地“玩”，可以有效提升幼儿良好的学习品质，获得成功后的喜悦感。《纲要》明确指出：“尊重幼儿在发展水平、能力、经验、学习方式等方面的个体差异，因人施教，努力使每一个幼儿都能获得成功和满足。”玩沙过程中，没有固定形状，可塑性较强的沙子为幼儿提供了大量尝试的机会，每个幼儿可以以自己的方式自然生长，在不断尝试中获得成功的体验。

案例：建构幼儿园（大班）

大班幼儿快要毕业了，他们对生活了三年的幼儿园产生了依依不舍的情感，于是，大家提议要来建构自己的幼儿园。大家商量着除了建构幼儿园的大楼、大拇指农庄，还要重新设计幼儿园的游乐设施……（图40）

游戏开始了，按照游戏计划书，乐乐和小美准备建构幼儿园的小山坡。他俩各自挑选了一些玩沙工具和材料，便开工了。乐乐说：“我们每人堆一座高高的山吧！”说完，乐乐和小美开始堆山，他们一边把沙往上堆，一边不断地把沙子拍结实，不一会儿，两座高高的山堆好了。小美说：“我来雕刻山上的台阶吧，乐乐要不你在两座山中间造一座桥？”“我喜欢造桥！”乐乐说。小美试图用手指在“山”的斜坡上抹出台阶的样子，结果把沙子抹掉了一大块，也没有台阶的样子。她抓了几把沙子把“山坡”重新抹平，拍结实，又用手掌在斜坡上划出一道道的横条，边做边说：“不行、不行，看着也不像台阶。”她又把“山坡”抹平，问旁边的乐乐怎么办。乐乐说：“要用钢尺雕。”小美找来了钢尺，从山坡的最底下开始，用钢尺在侧面刻一条横线，用力往下切一下，然后一层层把多余的沙刮掉。小美看看雕出来的台阶，对乐乐说：“有了钢尺帮忙，台阶雕得可真快！”小美看到哪里不平，就用钢尺压一下，台阶的阶梯感越来越强了。（图 41～43）

图 40　以小组形式绘制设计图

图 41　调整幼儿园小山坡设计图

图 42　用工具雕刻台阶

图 43　幼儿调整工具雕刻出山坡“台阶”

玩沙活动中会出现很多需要幼儿去探索的问题，沙子的可塑性可以让幼儿不断尝试，直至获得成功。“玩”的过程就是幼儿不断解决问题的过程，幼儿为了寻求解决问题的办法，反复尝试和调整方法，过程中幼儿专注、积极等良好的学习品质得到发展，为幼儿新经验的获得提供了保障。

5 赏——提升审美情趣

对作品的品赏，也是幼儿对作品的进一步反思评价，幼儿在“赏”中感受成功，提升审美水平。幼儿的作品创意无穷、妙趣横生。幼儿在创作过程中和结束后，都会向教师、同伴讲述自己的作品。这种讲述对于幼儿的发展具有重要的意义，它不仅让教师了解幼儿的真实想法和经验水平，更重要的是让幼儿对自己作品的造型、色彩、创作方法等进行进一步检视和反思。因此，我们创设灵活多样的展示方式，保留幼儿创作的作品，让幼儿有更多的机会欣赏。

案例：动物也疯狂（大班）

在一次主题沙艺“动物也疯狂”的展示中，老师和幼儿一起布置了画展。幼儿运用不同的玩沙方法表现出了不同动物主题的作品，有以刮沙画为主创作的“十二生肖”，有以微型沙雕为主创作的“动物大迁徙”，有以立体沙画和瓶艺灌沙为主创作的“动物丛林”，有以堆沙画为主的“动物乐园”，还有以彩沙装饰为主幼儿合作创作的“主题大门”。幼儿在参观画展的时候，用小手一会点这里，一会指那里，一边欣赏，一边不停地说：“我们做的沙艺作品太漂亮了！”姚姚说：“这里的几个瓶子是我灌的，赤橙黄绿青蓝紫，连成了一道弯弯的彩虹，太美了！”乐乐说：“你看，我雕出来的恐龙是翼龙，它有一对会飞的翅膀，它现在在丛林里休息呢！”苗苗说：“黑白条纹的斑马在绿色的丛林里奔跑，我很喜欢斑马身上用沙堆出来的斑纹！”卉卉指着长颈鹿造型的大门说：“这是长颈鹿妈妈，这是长颈鹿宝宝，长颈鹿身上的花纹斑斑点点真好看！（图44～48）

图44　幼儿介绍自己创作的“十二生肖”

图45　动物丛林

图46　动物大迁徙

图 47　动物乐园

图 48　主题大门

每次完成作品后，幼儿都会对自己和同伴的作品进行一番欣赏并加以评价，你一言、我一语，表达自己心中的感受。欣赏的作品来自幼儿，欣赏的主体也是幼儿，“赏”让幼儿展示了自己，也让幼儿有了更多的机会去反思、评价作品。每一位幼儿都是“艺术大师”，他们在充满意蕴的“沙艺”世界里获得了愉悦和满足，在欣赏和评价中提高了审美能力。

我们不仅欣喜于幼儿无穷的创作灵感，更沉醉于沙艺作品浓浓的艺术韵味。

小水渠 大发现

户外玩水区环境创设

无锡市峰影幼儿园 朱 虹 撰写

XIAO SHUI QU DA FA XIAN

玩水是每个幼儿都喜欢的活动，他们对水总是充满着好奇，看着水龙头里流出来的水，幼儿会问："水会流完吗？水是从哪里来的？"户外玩水区中，一把水枪、一个塑料袋等简单的材料，也可以让幼儿专注地投入游戏中。可见，水是多么的奇妙。在玩水区，幼儿能进行丰富而深入的科学探究活动，在活动中养成良好的科学品质，包括好学、好奇心和使用不同材料探索水的兴趣。同时，活动中幼儿的观察能力、问题解决能力、语言表达能力、社会交往能力等都能得到不同程度的发展。

一、满足儿童需要的玩水区区域划分

玩水区的区域划分可以根据幼儿园空间布局、玩水活动内容、玩水提供的材料等因素来确定，一般可以分为五个区域：放置和储存工具的材料区、水池区、水槽区、记录区以及其他玩水区。

1 放置和储存工具的材料区

材料区设置有储存玩水工具的材料架，有放置雨鞋的鞋架，悬挂水枪、铲子等材料的立体置物架，放置不同工具的置物架等，在每一层架子上贴上相应标签，方便幼儿取放。（图1～3）

图1　储存玩水工具的材料架

图2　雨鞋架

图3　悬挂置物架

2 水池区

水池区主要设有大小不同的戏水池，水深在25厘米左右，池内或水池边缘都铺有大小不同的鹅卵石，以防幼儿在游戏时滑倒。(图4)

图4 戏水池

3 水槽区

水槽区由高低不同的木质或其他材质的管道组合而成，水槽的一头连接压水泵，另一头连接戏水池或压水井，幼儿可自己连接水槽，也可在水槽区观察水的流动。(图5～7)

图5 水槽区

图6 压水泵

图7 压水井

4 记录区

记录区主要由一张活动的桌子、小推车以及固定的小木屋组成，由于桌子与小推车较轻便，幼儿可随时移动到自己游戏的区域。小木屋里投放有供幼儿记录的材料，如水彩笔、纸等，幼儿可以及时到记录区将自己的探索结果记录下来。(图8)

图8　记录区

5 其他玩水区

幼儿园的其他户外空间都可以成为幼儿的玩水区域。如在操场上，幼儿可以自由打水仗；在草坪中，幼儿可以开展洗涤和晾晒类活动；在种植园地里，幼儿可以给植物浇水；在户外美工区中，幼儿可以开展水画活动。(图9～12)

图9　操场

图10　草坪

图 11　种植园地

图 12　户外美工区

二、支持儿童操作的玩水区资源准备

玩水区材料可以根据幼儿兴趣、幼儿游戏水平、玩水内容等进行投放。教师可投放一些幼儿容易收集的自然材料或生活材料，也可鼓励幼儿就地取材，利用周边现有材料开展活动。

1 玩水工具

舀水工具：小桶、瓶子、罐子、盒子、勺子、盆等。（图 13）

储水工具：水盆、水缸、水桶等。（图 14）

戏水工具：水枪、水壶、网兜等。（图 15～16）

图 13　舀水工具

图 14　储水工具

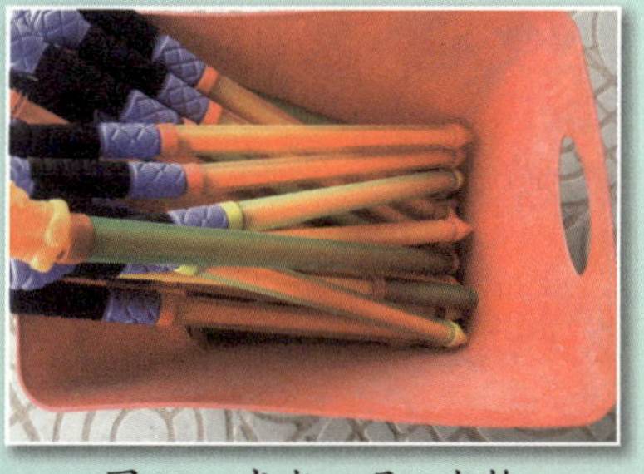

图 15　戏水工具：水枪

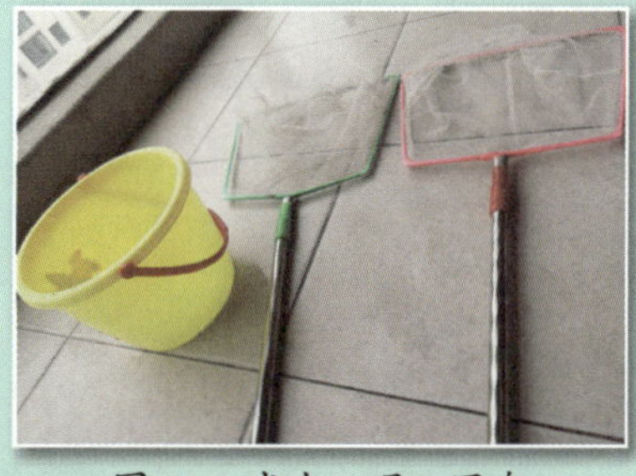

图 16　戏水工具：网兜

2 探究、记录工具

探究工具：滴管、软管、筛子、PVC管、放大镜、吸管、塑料挤压瓶、针管等。（图17～19）

记录工具：纸、笔、写生板等。（图20）

图17 探究工具：软管

图18 探究工具：PVC管

图19 其他探究工具

图20 记录工具

3 辅助材料

生活材料：海绵、吸管、泡沫、旧牙刷、漏斗、塑料袋等。（图21～24）

图21 纸杯、吸管、旧牙刷、瓶子

图22 海绵

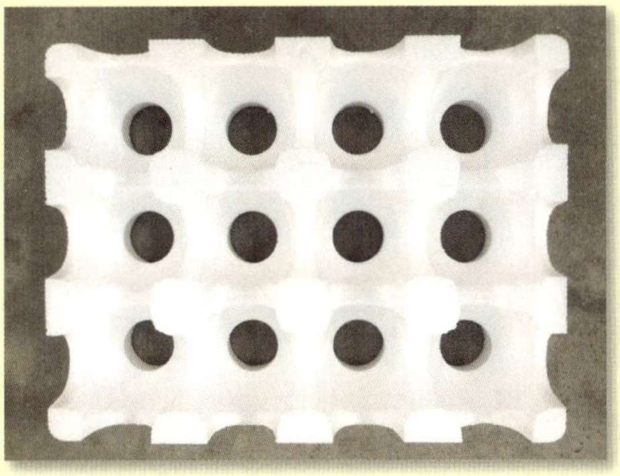

图23 泡沫

图24 塑料袋

自然材料：树枝、石头、木片、松果、树叶等。（图25～28）

图25 树枝、木片

图26 松果

图27 树叶

图28 石头

4 防护用品

除了探究材料和工具类材料，雨衣、雨鞋、雨伞、替换衣物等也是玩水游戏中必不可少的物品。（图29～30）

图29　雨衣、雨鞋、雨伞

图30　换洗衣物

玩水区提供的工具和材料必须是安全、无毒的，以保障幼儿游戏时的安全。教师可以发动和鼓励幼儿和爸爸妈妈共同收集，因为收集的过程同样是学习的过程，既可以培养幼儿的责任意识，也可以促使他们学会利用身边的资源。收集到的工具和材料应该分类摆放，方便幼儿取放。工具和材料的种类、数量应满足幼儿的使用需求，同时应根据活动内容不断地更新，以保持幼儿的活动兴趣。

三、适合儿童参与的玩水区内容选择

幼儿喜欢玩水。在和水的互动过程中，他们通过自主探索、不断尝试、与同伴协商合作等方式，体验玩水的乐趣，深刻地感知水的特性，获得各方面的发展。

1 自由玩水活动

爱玩水是幼儿的天性，他们可以自由选择戏水的区域、材料、内容、形式等，开展相应的亲水游戏。在游戏的过程中，他们可以自己玩，也可以选择与同伴一起玩。在亲近水的过程中，幼儿的自主性得到了充分的体现，也更容易获得满足感。

（1）捕捞游戏

在戏水池里装满水，在水里投放一些小鱼、小虾、海洋球等物品，幼儿可以站在水里，赤手空拳地抓，也可以提供网兜，让幼儿在水池边捕捞。在捕捞游戏中，幼儿不仅需要大胆尝试不同的捕捞方法，还需要具备一定的专注力。（图31）

图31　捕捞游戏

（2）打水仗游戏

雨后，幼儿穿上雨鞋拿起水枪开始打水仗。他们往水枪里注满水，对着墙上的“怪兽”猛打，看着水从“怪兽”的身上滑落下来，他们的脸上乐开了花。在有目标的打水仗游戏中，幼儿可以锻炼自己的手臂肌肉力量，提高手眼协调能力。幼儿还可以与同伴一起开展“对战”的游戏，在躲避对方水枪喷射的过程中，幼儿的方向感和反应灵敏性得到提高。（图32）

图32　打水仗

（3）浇水游戏

种植园地里的小苗苗口渴了，幼儿们找来各种浇水工具给小苗苗浇水，他们有的用长长的水管，有的用洒水壶，有的用小竹筒，不同的浇水工具带给幼儿不同的乐趣。在浇水的过程中，幼儿尝试探索不同浇水工具的使用方法，关于浇水方法的探索活动也自然而然地开展起来。（图33～34）

图33　用水管浇水

图34　用水壶浇水

（4）水画游戏

户外美工区也是玩水的好地方，幼儿可以用矿泉水瓶和水作画笔，在干的水泥地上画下美丽的图案。玩水的过程就是艺术创造的过程，幼儿的玩水游戏有利于开发幼儿的艺术创造力。因此，水画活动的开展不仅可以让幼儿与水亲密接触，还能让幼儿感受艺术活动的乐趣，提高艺术创作能力。（图35）

图35　水画

2 水的探究活动

在与水亲近的过程中，幼儿会发现水的不同特性，一些关于水的问题也会自然而然地产生，如："水是怎么流动的""物体放进水里后会怎么样""水有形状吗"等等。带着这些问题，幼儿通过发现、提问、思考、探究、实验等方式了解水的特性，探索水的秘密。

（1）怎么能浮在水面上

雨后，水槽里落满了树叶，看着漂浮在水面上的树叶，幼儿又找来树枝、石头、木片等大自然中的材料，并将这些材料分别放进水里，观察物体在水中的沉浮情况。除此以外，幼儿还可以收集教室里的材料，如塑料积木、弹珠、纸杯、泡沫、回形针等材料，观察不同材质的物体在水中的沉浮情况。（图36）

对于不同年龄段的幼儿可以提供不同的材料，例如：可以给中班幼儿提供轻重不同、材质不同的物体，让幼儿感受轻的东西会上浮，重的东西会下沉；可以给大班幼儿提供一些辅助材料，让幼儿感受同样的物体也会有不同的沉浮现象，如一块石头直接放进水里会下沉，石头放在碗里则会上浮等。有了这样的经验后，幼儿会想办法改变其他物体的沉浮状态。（图37）

在探索物体在水中的沉浮现象时，幼儿发现树枝可以漂浮在水面上。于是，他们找来不同长短、不同粗细的树枝玩起了“水中拼搭”的游戏。

在拼搭的过程中，树枝会随着水流的方向流动，没等幼儿拼搭完自己想要的图案，树枝就会被冲散。可以让幼儿先从简单的图案拼搭开始，如简单的图形、简单的名字等，在有了一定的拼搭经验后，他们可以尝试其他的拼搭，如复杂的加减、复杂的字等。在掌握了水中拼搭的技巧后，幼儿还可以选择不同的材料进行拼搭，如树叶、松果等。在“水中拼搭”游戏中，幼儿感受到了水的流动，挑战在不同的环境中利用不同材质进行拼搭的游戏。（图38～39）

图36　不同材质物体在水中的沉浮

图37　同种物体在水中的沉浮

图38　水中拼搭树枝

图39　水中拼搭树叶

（2）水会吐泡泡

水和空气都会占用空间。水为了能进入“空”的容器（瓶子、杯子、塑料软管、漏斗等），必须占用原来空气所占用的空间。下面以瓶子的玩法为例，幼儿分别将两个瓶子（一个有洞，一个无洞）放入水中，等待瓶子慢慢地沉下去后，仔细观察，发现无洞的瓶子会吐泡泡，有洞的瓶子不会吐泡泡。（图40～41）有洞的瓶子里的空气会从洞洞里跑出来，无洞的瓶子里的空气只能从瓶口跑出来，跑出来的空气在水里变成了泡泡。幼儿还可以探索怎么样让不会吐泡泡的瓶子也能吐出泡泡，并选择不同的辅助材料进行进一步的尝试与探索。（图42～43）

图40　有洞和无洞的瓶子

图41　瓶子吹泡泡

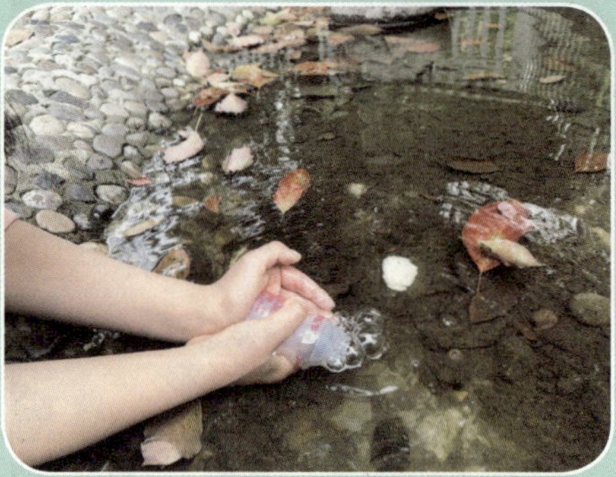

图42　用手捂住有洞的瓶子

图43　用积木捂住有洞的瓶子

（3）制造小河

沙池一般都靠近水源，幼儿会很巧妙地将玩沙活动与玩水活动相结合。在沙池里面挖隧道是幼儿最喜欢的活动之一，他们齐心协力在沙池中挖出一道道的坑，然后将PVC管或竹筒埋进沙子里，想办法调整管子的高度、管子摆布的方向、管子的大小等，将管子或竹筒连接起来。通过不断的尝试，他们终于让水成功地在管子内流动起来。

有时幼儿还会在户外寻找大自然中的材料，如木棒、砖头等，积累更多的搭建经验与技巧。（图44）

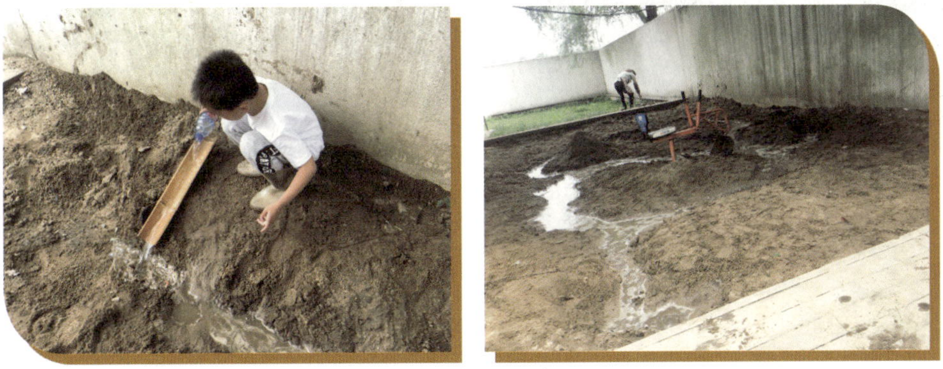

图44 沙池隧道

（4）神奇的水面

水分子会聚集在一起，当水量很小时，水的这一属性促使它形成水滴，这也是水“表面张力”的来源，让水表面如有一层“皮肤”。在探索水的表面张力时，教师可提供玻璃杯、滴管等材料，让幼儿向玻璃杯里倒水，倒满后，尝试用滴管继续往水杯里滴水，直到水的位置高于玻璃杯的杯口，这时，幼儿会发现水杯处于满溢状态。在探索时，幼儿可记录加入多少滴水后，水杯里的水会溢出来。除了用滴管加水以外，幼儿还可尝试沿着杯壁轻轻放入较轻的材料，如回形针、硬币等，观察放入多少枚硬币或回形针后，水才会溢出来。（图45）

图45 满溢的水杯

（5）它们吸在一起了

教师提供不同材质的物品，如泥工板、塑料小棒、KT板等，幼儿自由选择材料放进水里，拿出来后，将相同的两种材料靠在一起，比较什么材质的物品浸水后会紧紧地粘在一起。在这个游戏中，幼儿可通过探索、观察、实验、对比，感知水的黏附力，体

验科学探究的乐趣。(图46～47)

图46　泥工板浸水后

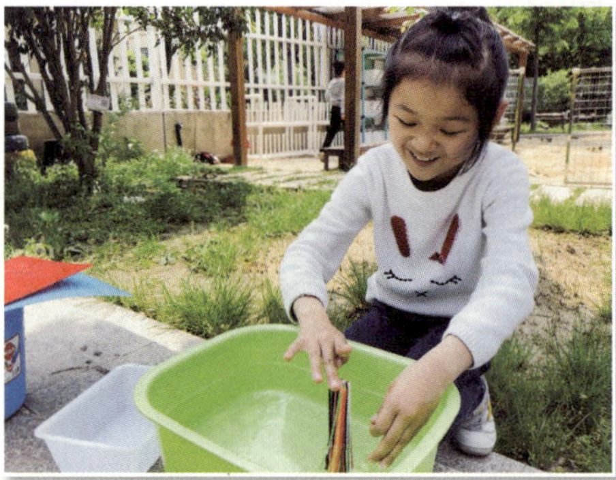

图47　塑料小棒浸水后

(6)它们在水中不见了

哪些物质能够溶于水呢?除了教师提供的盐、糖等生活材料外,幼儿还可以自己寻找大自然中的材料,如沙子、泥土等,进行实验。将水池中的水分别舀到几个盒子中,将不同的材料放进盒子里,用小棒搅拌,观察哪些材料放到水里后会消失,哪些材料不会消失,并在记录表上记录相应的实验结果。在探究哪些物质能溶于水的过程中,幼儿的动手能力、观察能力、记录与表达能力等都会得到不同程度的提高。(图48～49)

图48　物质在水中的溶解

图49　记录表

四、支持玩水区活动开展的有效策略

《幼儿园教育指导纲要(试行)》中指出:“幼儿园教育应尊重幼儿身心发展的规律和学习特点,以游戏为基本活动,促使每个幼儿富有个性地发展。教育者应成为幼儿学习活动的支持者、合作者、引导者。”

1　提供多样化的材料,激发幼儿的游戏兴趣。

在探究过程中,教师的重要任务之一是创设一个支持和鼓励幼儿探索水的环境和游戏氛围,多样化的材料以及丰富的游戏环境都能激发幼儿探索水的兴趣。教师除了提供各种玩水工具，还可以展示相关的图画书和资料书，方便幼儿进一步深入探索与水相关的活动。

案例：浇水乐（中班）

种植园地里的小苗苗发芽了，幼儿每天都会去观察和照顾它。早上，睿睿拿起小喷壶，在叶子上喷水。荣荣看见了说：“你这个（喷壶）喷出来的水太少了，小苗下面的泥土还是干的呢。”睿睿听了，又用喷壶对着苗苗的根部喷水，喷了好一会儿，泥土都没有完全湿润。这时，荣荣拿起小水杯，装满水后向苗苗的根部浇去，泥土很快就湿润了，荣荣说：“你看，用这个杯子浇水，会一下子流出很多水，泥土很快就湿了，我再去倒一杯水。”荣荣反反复复浇了四杯水才离开种植园地。教师发现睿睿和荣荣对浇水工具进行了对比，于是组织幼儿一起讨论，除了喷壶和水杯外，还有哪些工具也可以用来浇水呢？同时发动幼儿共同收集各种各样的浇水工具，如大水壶、大水勺、矿泉水瓶、水管等。（图 50～51）

图 50　用喷壶浇水

图 51　用水杯浇水

图 52　用水壶浇水

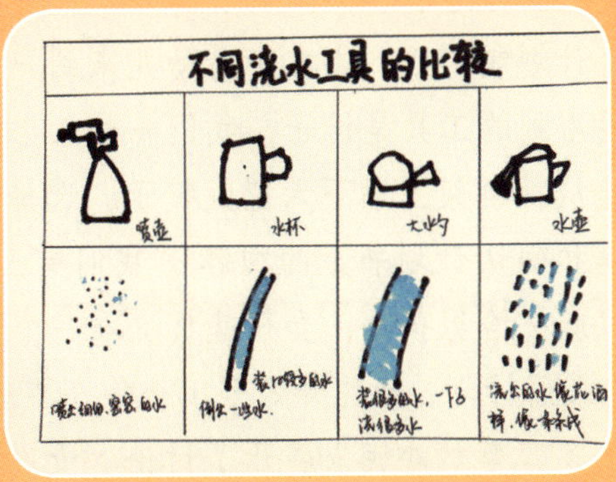

图 53　不同浇水工具的比较

几天后，荣荣和睿睿再次来到种植园地给苗苗浇水，他们发现大水勺只要装一半水就能让泥土马上变湿。他们又尝试用了大水壶浇水，发现从水壶里洒出来的水和从喷壶里喷出来的水是不一样的，从水壶里洒出来的水和洗澡时的花洒里喷出来的水一样，像线一样，而从喷壶里喷出来的水是细细的，像雾一样。(图52)

新材料的投放不仅激发了幼儿浇水的兴趣，也让他们有了更多的发现和想法。幼儿将四种不同的浇水工具进行对比，发现喷壶喷出来的水是细细的、密密的，适合浇种在花盆里的小植物；水杯装的水比较多，杯口较大，一下子能倒出较多的水，适合浇种在户外的植物；大水勺可以舀很多的水，水勺口很大，一下子可以倒出很多水，适合浇植物的根部，使根部的泥土一下子变得很湿润；水壶也可以装很多的水，壶嘴上有一个个小洞洞，洒出的水像一条条线，适合从植物的叶子往根部洒水，使整棵植物都吸收到较多的水分。(图53)

2 支持幼儿的计划，提高幼儿游戏的目的性。

在开展戏水活动之前给幼儿充足的时间思考，鼓励幼儿在玩水活动前做计划。教师在计划中可以体现幼儿玩什么、怎么玩、和谁一起玩、需要哪些材料等。制订计划的方式有很多种，可以针对不同年龄段幼儿的发展水平选择适合的计划方式。

案例：挖小河(大班)

又到了沙水区活动时间，幼儿像往常一样自由分组，共同计划。教师通过观察，发现幼儿计划的内容较为单一。于是，基于幼儿已有的经验，教师组织幼儿围绕“计划中可以呈现哪些内容”展开了集体讨论。通过讨论，幼儿发现除了画一画想玩的游戏内容以外，还可以画一画需要用到的材料，游戏中的分工，想和谁一起游戏等。讨论结束后，幼儿继续丰富自己小组的计划。(图54)

计划制订后，杰杰带着幼儿来到户外场地。杰杰拿着计划书说：“你们看，我们要用到的工具是铲子，我们一共六个人，要拿六把大铲子。”说完，他和伙伴们快速从材料架上拿下六把大铲子。选择好材料后，作为小组长的杰杰再次和同伴分享和确认计划书上的内容：“我们有三个男孩、三个女孩，挖小河要很多力气，所以就交给男孩做，女孩就负责堆一个沙堡，沙堡一定要堆在小河的旁边。”紧接着，按照计划，幼儿开始分工合作，杰杰带着几个男孩去挖小河，他们围绕“如何挖一条弯弯的小河”展开了讨论。女孩根据计划在小河旁边堆一个高高的沙堡。(图55～57)

大班幼儿能够在固定的时间内做计划，并且在计划书上表达清楚游戏内容、游戏材料、游戏伙伴等。在计划书的帮助下，他们能够有目的地选择游戏所需要的材料，根据游戏内容进行分工，使游戏开展更加顺利，并能更专注地投入游戏中。教师应该给幼儿充分的时间表达和分享自己的计划，并关注他们在游戏中的表现。

图54　幼儿一起画计划

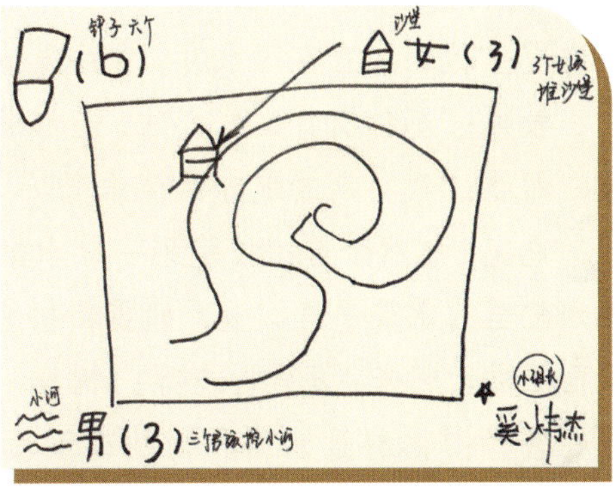

图55　“沙池小河”计划书

图56　男孩挖小河

图57　女孩堆沙堡

3 观察幼儿的游戏，适时提问，提高幼儿的游戏水平。

当幼儿在玩水区进行探究时，教师在他们旁边进行观察，最好不要打扰那些沉浸在自己工作中的幼儿。通过观察他们的行为，教师可了解他们的状态和所处的情境，或许他们正在尝试解决什么问题，又或者正在提出一些问题。如果幼儿想要谈论或倾听，教师可描述幼儿当时所做和所看到的事情，也可鼓励幼儿用语言和动作分享他们的观察。当然，教师也可适时提出一些开放性的问题，为幼儿活动的深入开展提供支持。

案例：水中拼搭（大班）

一天，教师带着小朋友们到戏水池去玩水，然然用树枝在水池中玩起了拼搭游戏。可是，她反复尝试了多次也没有成功。

教师："然然，你在玩什么游戏啊？"

然然："我想用树枝拼一个王字，可是我怎么拼也拼不好。"

教师："那你知道为什么吗？"

然然先是一愣，然后站起身来，环顾四周，她恍然大悟，指着一旁压水井的幼儿说道："他们一直在压水井，水井里流出来的水会冲散树枝。"（图58）

教师："那你有什么好办法，能够顺利拼出王字吗？"

然然："我去别的地方试试看吧。"

说完，然然带着树枝跑到一口水缸的旁边。她先仔细地看了看水缸里的水，发现水缸里的水很平静。她开始重新拼搭，可是没想到的是，在放入第一根树枝后，水面就晃动起来，她告诉老师："树枝一放进去，水面又动起来了。"

教师："怎样让水面和树枝都不动呢？你再多试几次。"然然试着轻轻地把树枝放进水里，并且在放第二根时，用另一只手扶着第一根树枝，这一只手加快摆放树枝的速度。就这样，然然在水中成功地拼搭了"王"字，她高兴地和老师分享游戏成果。（图59）

教师及时地赞扬然然，并鼓励然然继续游戏："刚刚老师看见你换了一个地方玩，不仅用手扶着，还加快了摆放树枝的速度，你成功了。那还有其他方法吗？你再试试看。"有了一定的游戏经验后，然然又找来了别的材料，粗细不同的树枝、树叶等，继续探索水中拼搭的方法。

图58　树枝被水冲散

图59　树枝拼搭"王"字

在探究如何在水中进行拼搭的过程中，教师先是安静地观察幼儿的游戏，当幼儿在游戏中出现问题，实在没有办法解决时，教师才介入幼儿的游戏。不过，教师并没有直接帮助幼儿马上把问题解决掉，而是通过与幼儿平等对话，引导幼儿在面对问题时，学会分析问题，尝试用正确的方法解决问题。

4 巧用游戏回顾与评价，深化幼儿的游戏经验。

在玩水活动结束后，教师可以利用照片、视频或作品等不同媒介进行评价，也可以通过小组评价、集体评价等不同方式评价幼儿的游戏，提升幼儿的游戏经验。幼儿之间的提问和质疑会拓展他们正在做的事情并引发其新的好奇心，幼儿之间的争论和辩论能促使他们更深入地思考自己及其他人的想法，同时幼儿与教师关于游戏的谈论可能会产生新问题进而引发新的探究，帮助幼儿发展交流和表达能力。

案例：漏水还是不漏水（大班）

教师带着幼儿探索如何让有洞洞的瓶子不漏水，她提供了一些有洞洞的瓶子、有洞洞的盖子、没洞洞的盖子和抹布等材料。活动一开始，教师先让幼儿自由探索，幼儿发现有洞洞的瓶子会漏水。接着，教师请他们继续探索怎么让有洞洞的瓶子不漏水。明明先用手捂住漏水的地方，发现还在漏水。他看到一组的涵涵将装满水的瓶子倒过来扣在手心上堵住瓶口，瓶子竟然不漏水，明明马上模仿了这个方法。过了一会儿，明明从材料架上拿了一个盖子，他将瓶子装满水，然后盖上

图60 用手捂着瓶子

图61 用手掌捂住瓶口并倒立瓶子

图62 用瓶盖盖住瓶口并倒立瓶子

图63 记录探索结果

盖子，发现瓶子不漏水，他又试着将瓶子倒过来，发现瓶子也不会漏水，而涵涵用盖子盖上瓶子后，瓶子却还是漏水，明明和涵涵继续探索，并在记录单上记录探索结果。(图60~63)

教师在巡视观察的过程中，发现明明尝试了多种解决问题的方法，于是，她及时用照片和视频的方式将明明的这些方法都记录下来。在回顾与评价环节，教师重点请几个幼儿结合记录表介绍他们让有洞洞的瓶子不漏水的方法，并根据幼儿的回答，汇总出多种方法。同时，教师将明明和涵涵使用了同样的用盖子盖住瓶口的方法结果却不同的照片进行对比，并请明明分享探索结果，明明说："我的瓶盖上没有洞，盖上后，瓶子倒过来就不漏水了，涵涵的瓶盖上有洞，瓶子倒过来后还是会漏水。"为了提升幼儿的游戏经验，最后教师用视频的方式让幼儿了解"空气对流"的原理。

在回顾与评价环节，幼儿能够运用经验描述自己在活动中发生了什么，学到了什么。由此，幼儿的游戏经验越来越丰富，游戏水平也不断提高。

玩水活动是每个幼儿都喜欢的活动，在玩水活动中，幼儿可以自由探索，感知水的特性，发现水的秘密。玩水活动在让幼儿获得愉快感官经验的同时，还能丰富幼儿的认知，提高幼儿的社会交往能力，直接或间接地促进幼儿各个领域的发展。

小泥巴 大智慧

——户外玩泥区环境创设

无锡市南泉中心幼儿园 赵林芳 撰写

XIAO NI BA DA ZHI HUI

教育家陈鹤琴先生倡导“在大自然中发掘一切可利用的自然材料，让幼儿在与材料的相互作用中获得相关经验”。唾手可得的“泥巴”是原生态自然材料，且可塑性又极强。“玩泥巴”对于幼儿来说，有着天然的吸引力，任意地摔、敲、堆、挖、踩、刻、抹……无一不是一种体力、脑力、创造力互相碰撞的独特体验和快乐享受，以“泥巴”为媒介的“玩泥区”活动是幼儿所向往和期待的。由此，我们利用幼儿园宽敞的户外场地创设了“玩泥区”，支持和帮助幼儿在这种最本真、最自然的“小天地”里自主地与泥互动，充分感受大自然带来的美好，快乐地释放最美的童真。

一、满足儿童需要的玩泥区区域划分

玩泥区的大小一般根据幼儿园空间大小、幼儿人数、泥巴资源情况和师资状况等多个因素来确定。区域划分也可以根据场地、内容和材料情况确定，一般可以分为四个区域：用于放置、储存工具和泥巴的储存区，可以自由塑造的开放性创作区，用于清洗工具，材料和手脚的清洁区以及作品展示区。

1 储存区

利用场地周围便于幼儿安全取放的位置进行设置，提供可视性强的敞开式或加盖式材料盒（箱）及能防水的有盖大缸，确保多样性材料和多形态泥巴的存放要求，并由幼儿设计、制作标记。

可以设置便于幼儿存放、取用、归类的工具和材料架。（图1）

可以摆放用来储存不同形态泥巴的大缸。（图2）

图1　工具和材料存放架

图2　储存泥巴的大缸

2 创作区

户外大面积的纯泥地、水泥地或砖地，不同光滑程度的墙面以及便于特殊天气玩泥的房子，配以遮阳棚（伞）、接水管、简易运输装备等设施，可容纳全班幼儿开展玩泥游戏。

可以设置大型的天然泥巴场、稀泥池和涂抹墙。(图3～5)

有大面积的用于摔打泥块的水泥地或者砖地，以及用于创作的户外玩泥的简易房子。(图6)

图3　泥巴场

图4　稀泥池

图5　涂抹墙

图6　砖地、房子

3 清洁区

根据幼儿身高，设置清洗和操作较便利的洗手池、洗脚池、洗物池，洗脚池边有适宜的座位便于幼儿坐着洗脚。(图7)

4 作品展示区

充分利用户外自然空间和现有设施，如藤架、台阶、草地、墙面、树木、石块等，打造作品展示区，便于幼儿用自己喜欢的方式展示作品。

图7　洗手池

可以设置户外展示长廊、展示台、展示架、展示墙等展示空间。(图8～9)

图8 展示长廊

图9 展示台

二、支持儿童操作的玩泥区资源准备

玩泥区的工具和材料具有自然性与生活气息，基于幼儿的兴趣、动作与实际发展需求，鼓励教师与幼儿就地取材，废物利用，一物多用。(图10～16)

1 挤的工具：三角塑料袋、裱花嘴、针筒、开塞露瓶、尖嘴塑料瓶等。

图10 木榔头、铲子、树枝

图11 擀泥棒、木片

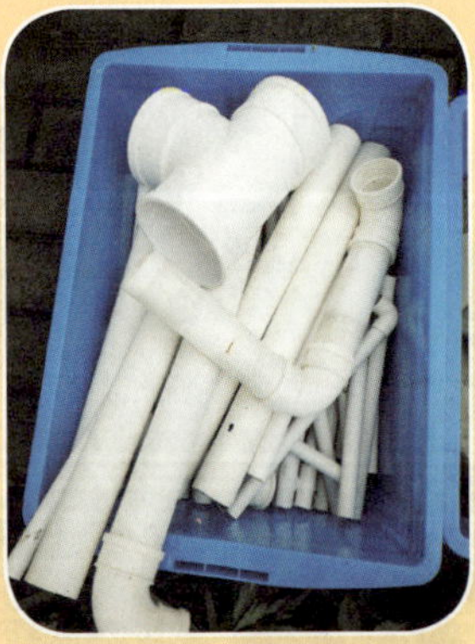

图12 PVC管

图13 木块

图14 麻绳

2 敲的工具：木榔头、布袋、木质圆柱体积木等。

3 挖的工具：铲子、勺子、自制挖泥勺等。

4 压的工具：筷子、薯片桶、铅笔、擀泥棒、木片、PVC管、树枝、泡沫垫等。

5 筛的工具：筛子、小纱窗、塑料小箩筐、自制塑料筛子等。

6 涂抹的工具：抹泥板、棉质滚筒、丝瓜筋、木质积木、长凳子等。

7 挖运的工具：小扁担、自制运泥袋、饮料瓶、小桶等。

8 分割的工具：泥工刀、绳线、游戏棒、筷子、剪刀等。

9 雕刻的工具：泥工刀、树枝刀、铅笔等。

10 其他材料：牙签、竹签、树枝、吸管、树叶、树枝、各种积木、各种形状的糖果盒子（盖子）、瓶盖、牙刷、滚筒、排笔、颜料等。

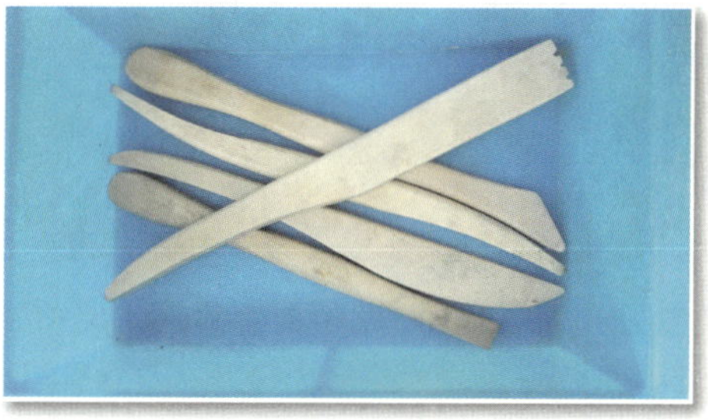

图15　泥工刀

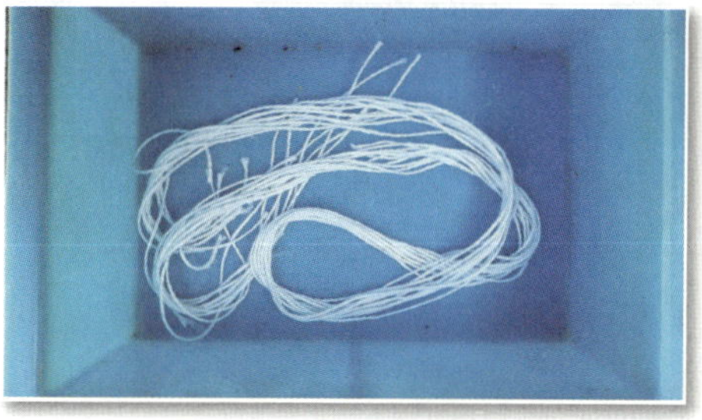

图16　绳线

玩泥区的工具因需而设，丰富多样，让幼儿自由选择。玩泥区的材料多以自然物、废旧物、生活小物件为主，既随手可得、收集方便，又不会受天气影响。材料还需根据幼儿的年龄特点、兴趣爱好、能力发展水平以及当地资源的特点灵活、动态地进行收集、选择与投放，还要及时进行调整和增减，不断满足幼儿探索、操作的游戏需求。

三、适合儿童参与的玩泥区内容选择

《3～6岁儿童学习与发展指南》提出：幼儿的学习是以直接经验为基础，要珍视游戏和生活的独特价值，最大限度地支持和满足幼儿通过直接感知、实际操作和亲身体验获取经验的需要。玩泥区活动让幼儿通过感知、操作与体验，提升幼儿探索、审美、创造、合作等能力，促进其多元发展。

依据泥的形态和分量，选择的活动内容是多样的。从泥水到泥浆、从泥粉到泥块……干湿浓淡、薄厚软硬，泥土的质感、手感丰富多样，创作手法也千变万化，可以使得幼儿浸润其中，自由奔放、无拘无束地彰显无限创意。

1 泥粉创意

将泥块翻晒、捶捣、敲击、去杂、研磨成粉状后，盛放在密缝的小箩筐或筛子中，使用积木、插塑、树枝、纸片、绳线等材料在平面底板上摆好设计的各种主题造型（底板可根据主题自主选择颜色），将筛子在上面来回筛动使泥粉均匀撒在上面，最后轻轻取下形状材料，呈现留白与泥粉相结合的画面，展现用泥粉制作的艺术作品。在捶捣、敲击、研磨、筛动等操作体验过程中，幼儿手部肌肉、力度的把控得到了充分的锻炼，同时主题造型的设计提高了幼儿动手、合作和审美能力。（图17～18）

图17 泥粉创意

图18 泥粉创意画

2 泥浆涂抹

将泥粉掺入不同量的水搅拌成稀薄不一的泥浆，搅拌后的泥浆具有色深、黏稠、易于附着等特点，可以使用刷子、滚筒、抹泥板、丝瓜筋蘸着泥浆，甚至是徒手直接在墙面、地面、物体的表面等进行平面创作。幼儿可以根据自己的想象，天马行空、自由大胆地涂抹，也可根据主题内容进行情境化的主题创意涂抹，如《我们设计的房子》《艾玛的泥乐园》等。幼儿在掺水搅拌、涂抹上墙、使用工具的探索过程中，获得了测量、比较、空间、形状、大小、组合等知识和经验，并在情境迁移过程中促进了语言表达、思维想象等能力的发展。（图19～22）

图19 幼儿在墙上自由涂抹

图20 幼儿使用滚筒涂抹

图21　幼儿合作自由创意涂抹

图22　幼儿徒手主题创意涂抹

③ 稀泥创意

在无杂质的泥粉中加入适量的水后和成稀泥状，然后徒手或使用球、棍、树枝、抹泥板、呼啦圈、积木等材料在地面、墙面、纸面、布面等空间，采取滚、抹、刮、挑、甩、踩、打、抽等方法进行创作。幼儿在这一过程中，既有精细动作的发展，也有大动作的发展；既有独立的创意思考，也有合作的创意体验；既有对作品的创意解读，也有作品成功后的喜悦感受。（图23～26）

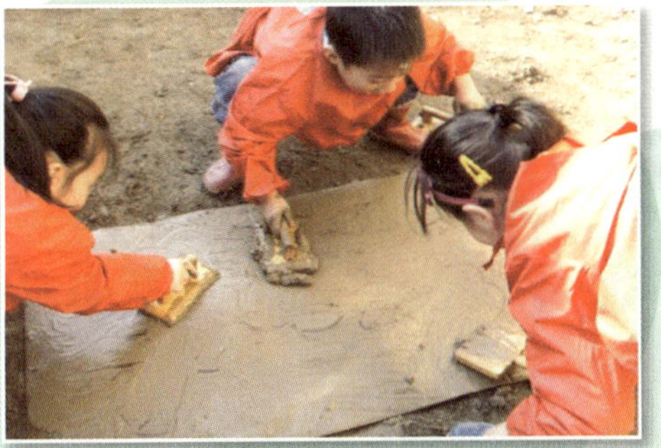

图23　抹泥浆

图24　滚泥浆

图25　泥浆刮画

图26　泥浆抽画

4 泥巴塑形

泥巴塑形是指将泥巴摔打成软硬适中、易于塑形的泥块，幼儿根据自己的设想创造性地使用剪刀、泥工刀、树枝、笔筒、PVC管等辅助材料，对泥块进行捶打、挖空、连接、分割，配合捏、团、搓、卷、压、拍等手法，创造性地塑造新事物的过程。幼儿边探索边学习各种玩泥工具的使用方法，也获得了对称、分割、连接、组合等知识，体验了泥巴创意塑形带来的乐趣。(图27)

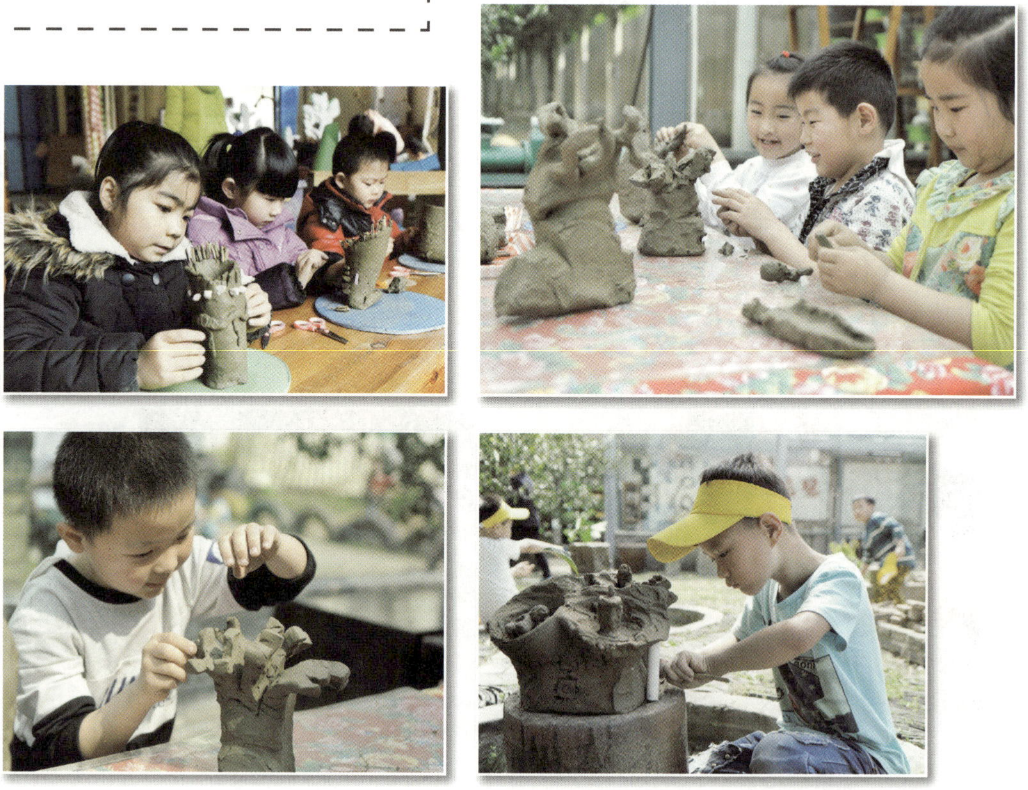

图27　幼儿泥巴塑形

5 泥堆创作

泥堆创作是指在幼儿自由堆积的泥堆上使用榔头、木板、木柱、铁锹、树枝、线绳等工具，进行掏空、架桥、连接、堆高、镂空等再加工创造后，改变泥堆原有形态，使其更加具有多变性和象形性的加工过程。幼儿可自由选择伙伴、场地与材料，进行自主分组合作，展开想象的翅膀进行大胆的自由创作。(图28～31)

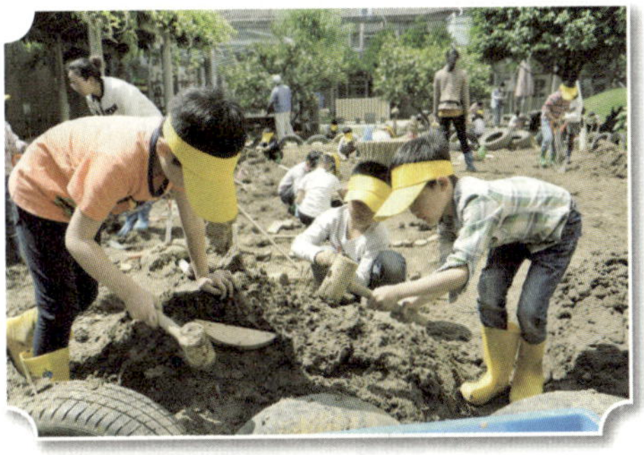
图 28　幼儿进行泥堆创作

图 29　幼儿进行泥堆连接

图 30　幼儿创作的农家院（一）

图 31　幼儿创作的农家院（二）

6 泥巴创玩

泥巴创玩是指幼儿将前期塑出的已经半干或已经全干的泥块、泥砖、泥饼、泥柱、泥球、泥槽以及塑造的各种形态的泥玩具作品，再重新进行组合和重构，通过叠放、搭建和再造，创造出新的更加有趣的一系列玩法的过程。幼儿在尝试垒高、搭建、连接、组合等过程中，积极探索物品的平衡、泥球顺畅地连续滚动等，提高了观察、分析能力，培养了认真专注、乐于想象、不怕困难、敢于探究和尝试的良好学习品质。（图 32～33）

图 32　用泥砖搭桥

图 33　用泥柱搭过山车

7 大型泥场畅想

幼儿园设有大片天然泥场，场外材料架内提供了锨、锹、棍、锤等各种工具，供幼儿以小组的方式在泥场中采用堆、挖、立、夯等方法，改变泥的形态或者利用泥场而形成较为开放的大型作品。幼儿可以在泥场里用各种材料进行自主游戏，实现自己的畅想计划。(图34～35)

图34 泥场自由创作

图35 设置泥场障碍

四、支持玩泥区活动开展的有效策略

在《3～6岁儿童学习与发展指南》的引领下，玩泥活动给予了幼儿极大的自主权，他们能够按自己的意愿自主地进行活动，成为活动的主人，充分体验着自由、自主、创造、愉悦的游戏精神。在实施过程中，适宜、适度的支持与帮助对进一步激发幼儿自主学习的兴趣、拓展游戏的深度和广度起着积极的作用。玩泥区的各种支持策略让玩泥活动更加精彩，让幼儿的学习更有意义和价值。

1 介绍玩泥材料

材料是促进幼儿发展的重要载体。玩泥的材料应当丰富多样，身边随手可得的玩具、废旧物品、自然物品等都可以作为玩泥材料。材料要随着幼儿玩泥水平的提高而不断丰富，有些开放性材料可以一物多用、变化万千。在增设必要的材料时，教师要通过多种方式将材料介绍给幼儿，引发幼儿的使用兴趣，也让幼儿明白材料的多样化与选择性，以引导幼儿创造性地使用。其中，让幼儿在探索过程中自主发现适宜的材料，并通过他们的分享向其他幼儿介绍材料，效果更佳。

案例：泥块上的故事（大班）

辰辰和玺玺用小榔头在玩敲大泥块游戏，敲着敲着，辰辰对玺玺说："我们敲个隧道吧。"玺玺说："好的，那我们再去拿点东西。"于是，他们就到材料架去找了圆木棍、泥工铲、PVC管等材料和工具。辰辰拿了两根又粗又短的圆木棍，左面一根右面一根对应一插，用力拧一拧，两根木棍牢牢地粘在泥块上，他立刻对玺玺说："你敲这头，我敲那头。"他们一手扶着圆木棍，一手拿着榔头对着木棍敲起来。（图36）敲了一会，辰辰说："看看。"说着把圆木棍上下扭一扭拔出来，他看看泥块，说了一句："还不深。"接着又把圆木棍塞回去继续敲。（图37）又敲了一会，辰辰看着两边的木棍对玺玺说："你那还要敲，要选一根长一点的敲进去，等敲到这边的木棍出来，就通了。"说完，他就找了一根长长的圆木棍敲进去，一边敲一边问："玺玺快看看通了没有？"玺玺盯着泥块，摇摇头，他接着继续用力敲，又问了一次，玺玺突然大叫："敲开了！"辰辰赶紧把头凑过去一看，也高兴地叫起来："通了，通了，通了。"（图38）

图36　两人对敲

图37　两人合作，继续敲

图38　洞打通了

在游戏分享环节，教师鼓励他俩将这个过程进行集体分享。其实，教师也悄悄地将这个过程完整地录制了下来。视频画面清晰，过程完整，玩泥材料的介绍自然完成，并有效帮助幼儿获得了成功打通深洞的方法，水到渠成地引发了幼儿当下的思考和后续的兴趣，为以后的探索奠定了基础。

2 制订玩泥计划

玩什么？怎么玩？使用哪些材料？和谁一起玩？这些利于幼儿游戏的前期计划能有效提高幼儿游戏的深入度和持续度。教师要以观察者、倾听者和引导者的身份，在适宜的时候给予幼儿帮助与支持，鼓励幼儿大胆设想、积极策划，让游戏内容更加丰富，游戏分工更加合理。

案例：泥房子变形记（大班）

一天，幼儿在泥堆上敲敲挖挖，泥堆上出现了一个个洞洞，他们惊奇地发现这些洞洞就像一间间房子。“大洞像门。”“小洞像窗户。”“再造个阳台就更像了。”……随着幼儿的热烈讨论，玩泥建构游戏“泥房子”产生了。那造怎样的房子呢？幼儿三五成群地坐在一起商量，各抒己见，想出了很多好点子。我问：“这么多好点子有没有什么好办法让每一个人都知道呢？”“我们把它画下来。”丁丁快速反应道。于是，制订计划书的行动开始了。铭铭、琪琪、可可三个孩子聚在一起开始商量。“我们造个金字塔房子怎样？”“顶上刻花纹。”“下面再造间小房子。”“没有楼梯怎么上去呀？”“那就在旁边做个楼梯吧。”“我们要拿些什么工具呢？”“榔头、铲子、木块、管子、麻绳……”他们边商量边绘制，很快，计划书便完成了。接着，工具搬来了，铭铭铲、琪琪垒、可可敲，他们分工合作开始造房子。（图39～42）

图39　泥洞洞

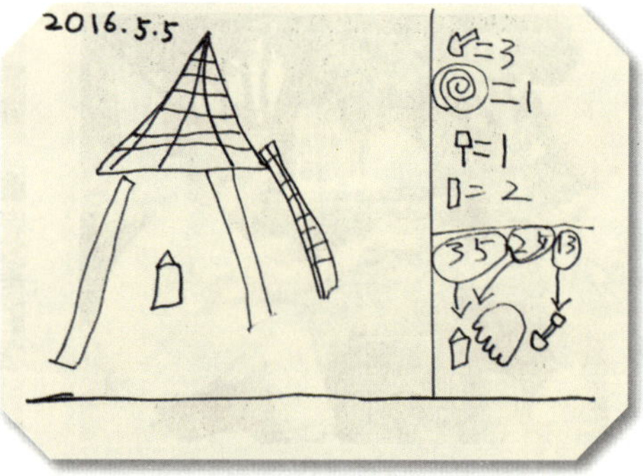

图40　幼儿商量计划书

图41　完成的玩泥计划书

图42　幼儿专注地创作

虽然幼儿的计划书极其简单，甚至在成人眼里是凌乱的，但这是他们思维碰撞、合作创想的“蓝图”，也是他们实践操作的“图纸”。如果认真倾听他们的解读，你会惊叹他们真的个个都是设计师、艺术家、建筑师。因此，教师的一个小小点拨或许就能成就他们大大的创想，促进他们更多的发展。

3 鼓励小组合作

小组合作可以让幼儿在游戏中有更多讨论和交流的机会，让他们相互学习，也可以使幼儿的游戏更持久、更复杂、更深入，促进幼儿深度学习。小组合作游戏的基本流程是：幼儿自由组成若干小组、讨论主题、明确分工和材料、分工合作等。如多名幼儿共同完成的大型泥浆画，创作过程中的分工合作使得游戏成果的视觉效果更突出，幼儿的自信心得到显著提高。(图43～44)

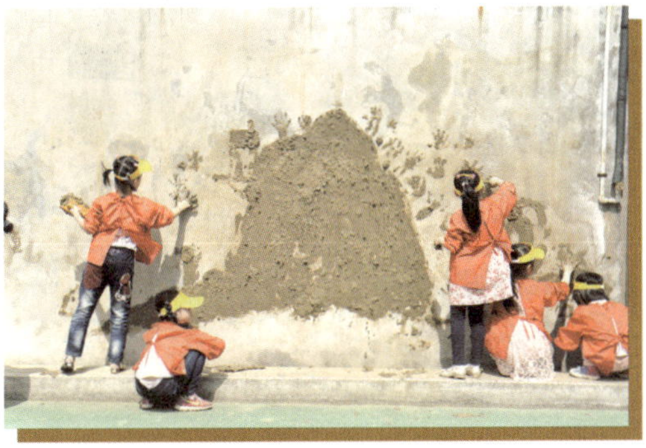

图43　合作创作大型泥浆画(一)

图44　合作创作大型泥浆画(二)

案例：砌墙造房(中班)

几个幼儿自由组队在玩“砌墙造房”游戏，一开始他们各自分头做着自己喜欢的事情。贝贝反复尝试着砌砖，可砖与砖之间老是粘不住。教师说：“一定是有

图45　拌泥粉

图46　刮泥浆

原因的，一起找找。”话音刚落，一旁的毛毛皱着眉说：“是不是水太多了？”贝贝说：“那我们再加点泥粉。”于是，两个人就加点泥粉搅拌，刮在砖上，不行，再加泥粉搅拌，他俩一个加泥粉一个用力搅拌，溅得脸上都有了泥点，最后总算黏稠多了。轩轩和俊俊赶紧用抹泥板在砖上刮上了一薄层，还是粘不住。“多一点试试看。”毛毛大声说。于是，轩轩和俊俊都用力在砖上刮上了厚厚的一层泥浆，“粘住了！粘住了！”他们成功了，于是，几人合作将一块一块的砖垒成了一间房子。（图45～48）

图47 刮泥浆

图48 幼儿合作造房创作

当幼儿遇到困难时，教师的一句鼓励和点拨可以让幼儿信心倍增，脑洞大开，既帮助幼儿解决了困难和问题，也激发了幼儿合作的意识，打开了合作之门，使游戏得以很好地继续，作品很好地完成。

4 支持玩泥过程中幼儿的需要

孩子有一百种语言、一百个念头、一百种思考方式。每一个孩子都是独立的个体，他们都有不一样的需要，亟待我们去支持。为此，我们要学会倾听孩子的声音，追随孩子的需要，给予他们适宜的环境和支持，这样幼儿的学习与探索才会更高效。

案例：抹泥墙（大班）

在稀泥池，幼儿开始了“抹泥墙”的游戏。一堵砖墙、一桶泥浆、一块抹泥板……游戏开始没多久，幼儿就开始乱洒泥浆、游离主题，游戏情节突然“迷失”了方向。我们认真审视，发现导致问题出现的原因有材料提供过于单一、教师组

图 49 抹泥墙

织把控过紧等，我们只单单满足了抹泥墙的动作需要。为此，我们开始倾听幼儿的声音，从改变提供的材料、改变游戏方式等方面入手。游戏材料从原来的统一材料转变为设置材料架，并在种类、数量、摆放方式上进行调整，让幼儿在游戏中根据自己的兴趣和需要自主选择材料。游戏方式从单一的集体游戏方式改变为自由、自主、开放的游戏方式，“玩什么、怎么玩、在哪玩”都给予幼儿充分的自主空间。这样一来，幼儿的游戏内容不再只有“抹泥墙”这一个，而是“诞生”了一系列的游戏活动，如“拌泥浆”“设计房子”“制作砖坯”“烧砖”“砌墙”“造房”“卖房”等，幼儿忙得不亦乐乎，他们不厌其烦地快乐游戏着。(图49～53)

图 50 拌泥浆

图 51 制作砖坯

图 52 砌墙

图 53 卖房

活动中教师要学会及时审视与分析，对幼儿的各种需求和想法，教师要用心去解读与支持，并给予更多的自主空间，让幼儿更好地拓展与延伸活动，进一步激发幼儿对活动的兴趣，促进幼儿学习能力和学习品质的提升。

5 允许并支持幼儿多次完成大型作品

大班幼儿已有合作的意识和能力，他们能合作完成一些元素丰富的大型作品。但大型作品的完成不是短时间内一蹴而就的，而是需要在充足的时间、空间、材料等多元保障下完成。

案例： 美丽家园（大班）

大型玩泥游戏“美丽家园”中，幼儿以小组的方式规划所要制作的房舍，有的小组要建塔形房子，有的小组要建三层楼房，有的小组要建旁边有河的一组房子……游戏开始了，幼儿各自挑选了一些工具和材料，迫不及待地进入场地，选

图54 规划图（一）

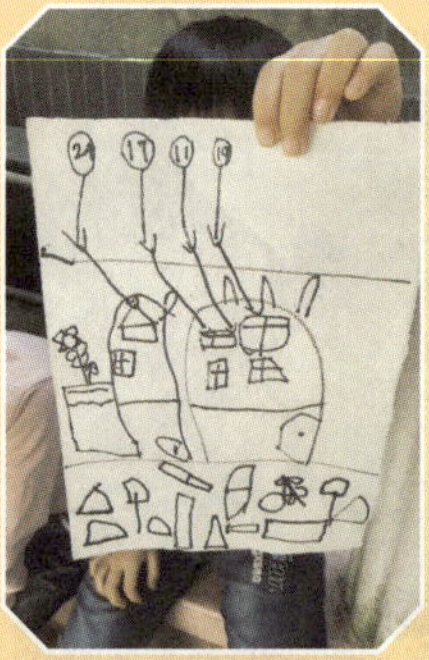

图55 规划图（二）

图56 旁边有河

图57 建房（一）

图58 建房（二）

了一块空地开始施工。堆泥、挖洞、垒高、连接……游戏时间结束了，但是幼儿仍然沉醉于其中不愿意离开。于是，教师答应幼儿为他们保存游戏成果，下次再继续。幼儿兴奋极了，纷纷讨论着下次要做的调整和改进。教师也就游戏中发现的问题引导幼儿解决，如怎样让房子更高、内部的空间更大，怎样让房子更稳固，还可以使用哪些辅助材料，这些材料哪里来等，进一步支持幼儿的持续探索。经过多次调整和改进，幼儿的作品完成了。作品中村庄里的房子呈现出不同的状态。他们有的建了一组房子，有的建了高高的房子，有的建了稳稳的房子……薯片桶、树枝、积木块、塑料布等材料被创造性地使用。幼儿对自己的作品非常满意，兴高采烈地举办“村庄”落成庆典。(图54～60)

图59　建好的房(一)

图60　建好的房(二)

尊重和支持幼儿的意愿和想法，给予幼儿充足的游戏时间、空间支持，是激发幼儿延伸游戏、深度学习的一个关键点。在这样的支持下，幼儿游戏的积极性会更高，创造性会更强，得到的发展也会更多。

6 在校园中展示幼儿的作品

玩泥区有着丰富的活动，也有着极其丰富的作品。幼儿是环境的主人，将幼儿作品进行展示既是对幼儿创作的肯定，也是让幼儿体验成功的一种方式，更是以幼儿为本，便于幼儿之间相互欣赏与积极互动，从而共同提升幼儿的创作、审美、交流、评价等能力的途径之一。因此，展示区的创设显得尤为重要。

展示区有灵活多样的分享方式，除了一些展示架、展示柜外，还可以利用户外的天然展示场，包括小路边、草坪上、菜园里、水池上、果园里的树上。此外，还可以利用长廊、石头等适宜的场地进行展示。(图61～64)

图61　幼儿作品在小路边展示

图62　幼儿作品在草地上展示

图63　幼儿作品在菜园里展示

图64　幼儿作品在树上展示

《3～6岁儿童学习与发展指南》提出：引导幼儿学会用心灵去感受和发现美，用自己的方式去表现和创造美以及促进幼儿愿意和别人分享、交流自己喜爱的艺术作品和美感体验。教师要根据实际情况不断调整支持策略，立足“幼儿在前，教师在后”的理念，最大限度地给予帮助与支持，和幼儿一起用心去发现、去挖掘、去探索、去创造、去体验玩泥乐趣。其实幼儿园的每一个角落都能成为幼儿作品展示的空间，都能成为见证幼儿成长与发展的会“说话”的地方。

小种植 大体验

户外种植区环境创设

无锡市太湖山水城旅游区中心幼儿园 于小燕 撰写

XIAO ZHONG ZHI DA TI YAN

种植是幼儿园课程的重要资源。近年来，我园在“大自然是幼儿的天然课堂”的思想指导下，深入开展户外种植的实践研究，以幼儿兴趣需要为抓手，多形式支持幼儿户外种植活动，力求在满足幼儿需求，尊重幼儿学习规律的前提下，创设自然、丰富、多元的户外种植环境，使幼儿在亲历种植的过程中萌发亲近自然的兴趣，提高观察探究、合作交流、表达表征等能力，促进幼儿形成积极主动、认真专注、敢于探究等品质，帮助幼儿感受种植带来的快乐。

一、满足儿童需要的种植区区域划分

如何创设科学合理的户外种植区，是实现种植活动目标首先要解决的问题。种植区域要根据植物生长和幼儿观察探究的需要，充分挖掘幼儿园户外空间，考虑土、水不同的栽培形式并存，因地制宜地设计布置。根据幼儿园空间布局，种植区可分为土培区、水培区、展示区和材料工具区。

1 土培区

可利用田地、种植箱、爬藤架等进行设置，也可以用放于各处的器皿进行种植，便于幼儿与植物近距离接触。(图1～2)

图1　田地种植

图2　种植箱种植

2 水培区

可利用水沟、小池塘及无土栽培架等设置，要便于幼儿参与种植、观察、管理，还可根据需要加入水循环系统等。(图3～4)

图3　水沟种植

图4　无土栽培架种植

3 展示区

可利用种植区域的周围空间创设，采用图、文、实物等多元方式进行，展示幼儿的种植过程、探索发现、种植收获等。（图5～6）

图5　种植过程展示区

图6　种植收获展示区

4 材料工具区

将幼儿使用的劳动工具、观察工具、种植材料等分类投放，采用合适的方式摆放或悬挂，便于幼儿按需取用。（图7～8）

图7　种植拖拉小车

图8　种植移动架

二、支持儿童操作的种植区资源准备

丰富、充足的工具和材料可以有效激发幼儿参与种植活动的兴趣。投放原则上，工具材料要小巧，便于幼儿操作，数量要充足，能满足幼儿操作需求，具体可分为种植工具、灌溉工具、采摘工具、观察记录工具等。

1 种植工具：小铁耙、小铁铲、小长锹等。（图9～10）

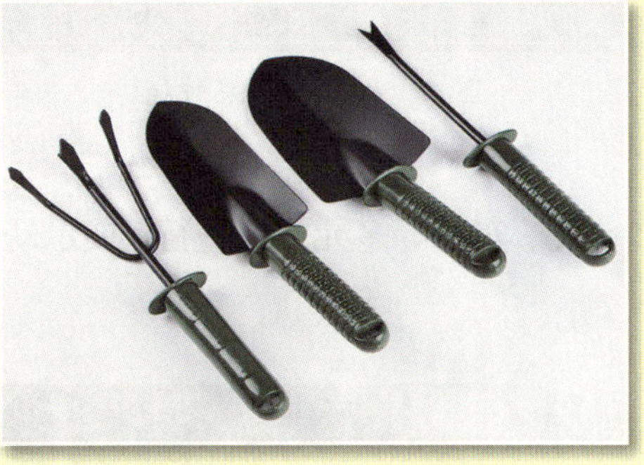

图9　小铁耙、小铁铲

图10　小长锹

2 灌溉工具：水壶、水舀等。（图11～12）

图11　水壶、水舀

图12　自制浇水工具

3 采摘工具：篮子、箩筐、剪刀等。（图13～14）

图13　竹篮

图14　竹筐

6 观察记录工具：放大镜、聚焦板、记录板等。（图15～16）

图15 自制聚焦板

图16 放大镜

此外还要根据不同植物生长的需要提供一些材料，如种植草莓需要的塑料薄膜，种植长豆、丝瓜、西红柿等需要的支撑竹竿、绳子等。同时，也可根据幼儿的需要，及时提供直尺、相机等，为幼儿测量、观察、记录等提供支持。

三、适合儿童参与的种植区内容选择

种植活动包括播种、生长、收获等几个阶段，所有活动内容随着植物生长的不同阶段而不断变化，幼儿全程参与其中。播种阶段包括选种、播种等；生长阶段包括间苗、浇水、除虫、追肥、搭架等；收获阶段包括采摘、脱粒、品尝、分享和展示等。

1 选种

种什么？种子哪里来？怎么种？每到播种季节，幼儿都会就这几个问题展开热烈的讨论，教师可以结合幼儿年龄阶段、植物生长特点、气候条件等，组织幼儿通过调查、讨论、投票等多种形式，进行选择。如我园有的班级会因为幼儿喜欢黄色的花选择种油菜、向日葵等；有的班级基于原有种植薄荷的经验，选择种也有特殊气味的香菜、芹菜等；还有班级结合幼儿喜欢吃的蔬菜，选择种萝卜、西红柿、花菜等。在多种途径收集种子的过程中，幼儿会有很多新发现，还能了解到同一植物有不同品种，且它们的种子也会不一样。例如：幼儿在收集萝卜种子的过程中，发现萝卜种子有大小、颜色深浅等不同，班级里创设了萝卜种子的展览，幼儿经常走过去看看、摸摸，还会用鼻子来闻闻等。（图17～18）幼儿通过与种子的亲密接触，获得相关经验，既提升了对种子的认知经验，又产生了持续探究的积极性。

图17 种子的比较

图18 种子实物展览

2 播种

案例：种萝卜(中班)

种萝卜啦！曦曦快速从工具箱里找出一把小耙子，挖一个小洞，将几颗萝卜种子放进去，轻轻地用土盖上。老师问："你怎么种萝卜的呀？""像种大蒜一样，挖个洞洞。"曦曦迁移了小班时种植大蒜的经验，用点播的方式种萝卜。老师又问其他几个幼儿想用什么方式来种，他们都想用和曦曦一样的方法。但可馨说："我看过奶奶种萝卜，这样抓一把种子，一撒。"说完，她用小手比画着撒了一下。老师接过话："嗯，这也是个好方法，这是撒播！"悦悦不同意："不能撒，会撒到外面去的。""对呀，这里地方小……"(图19)

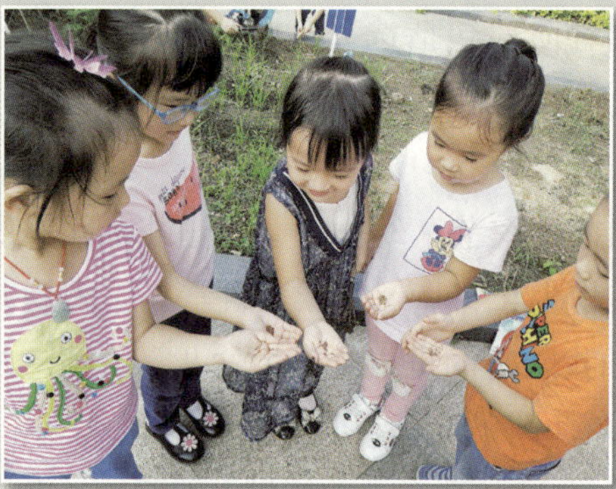

图19 尝试种萝卜

每种植物都有适宜的播种方式，如青菜、生菜、香菜等适宜撒播，黄豆、蚕豆、棉花等适宜点播，西红柿、玉米、向日葵等适宜育苗移栽等。教师应顺应幼儿的想法，支持幼儿大胆尝试。通过讨论、观察、持续探究等，启发幼儿发现播种方式与植物生长情况之间的关系，在"试误"中帮助幼儿逐步积累种植经验。还可通过请教专家、观看视频等引导幼儿了解播种方法，或邀请有经验的家长来园和幼儿一起播种。

3 间苗

种子发芽了，有的地方的小苗挨挨挤挤，有的地方的小苗稀稀疏疏。要不要间苗？该怎样间苗？教师不能急于给答案，要尊重幼儿的选择，让幼儿通过查找资料，投票来决定。如让幼儿为要不要帮白菜苗搬家进行投票。如果决定间苗，可选择在阴雨天移苗，间出来的苗可带回家或者在教室内进行种植，如幼儿将间出的苗移栽到容器中带回教室种植。（图20～21）

图20　给大白菜苗要不要搬家投票

图21　间苗移栽

4 浇水

浇水过程中，可引导幼儿通过观察泥土颜色、植物状态、天气情况等，逐步了解适合植物的浇水时间、水量等。在此过程中，可开展植物喝水的对比实验，通过实验让幼

图22　幼儿自主浇水

图23　幼儿自制提示牌

儿更直观地了解有的植物喜干、有的植物喜湿，进一步感受植物的特性。如幼儿正在用竹筒为植物浇水，幼儿为喜干的多肉做了提示牌，提醒其他幼儿不要随意给它浇水。（图22～23）

5 除虫

在种植过程中，幼儿经常会看到叶子上有洞洞、叶子变黄了、果子被咬得坑坑洼洼，会发现植物上有时会有小虫、蜗牛、蚂蚁等。幼儿尝试着用拍打、捉虫、冲洗叶子、做稻草人、打药等方式除虫。在这个过程中，教师要尊重幼儿的意愿，允许幼儿用自己的方式尝试，同时也要鼓励幼儿查询资料、对症下药，对于超出能力范围的事情及时向成人求助。（图24～25）

图24　为喷药菜地做标记

图25　给菜地除虫

6 除草

很多时候，杂草长得比菜还要快，教师可以通过引导观察、现场示范等方法激发幼儿参与除草，了解杂草对植物生长的危害。幼儿尝试辨别杂草与蔬菜的不同，他们在拔草的过程中因为力气小，刚开始只是拔掉了草叶，根并没有被去除，或是专注于拔草，忘了脚下，踩坏了菜苗等。但正是在不断实践的过程中，幼儿掌握了一些除草的要领，感受了种植的辛勤与乐趣。

7 搭架

黄瓜、丝瓜等爬藤类植物生长到一定的阶段都需要搭架。该如何搭？用什么搭？比如说黄瓜、丝瓜等需要搭高大的架子，让它有更宽松的生长空间，西红柿、茄子等需要搭相对矮些的架子，帮助它支撑果实的重量，减少对茎秆的压力。对于年龄小的幼儿，可以邀请有经验的家长帮助搭架，让幼儿了解、感知搭架的过程，知道搭架的重要性。对于年龄大的幼儿，可以由幼儿商讨方案、收集材料、分组搭架，可建议幼儿采用简单的十字交叉的方法，在相邻植物的根部插入竹竿，交叉后用绳子固定。因为幼儿的力气有限，成人可给予一定的帮助，让架子更牢固，帮助植物生长。（图26～27）

图26　给西红柿搭架

图27　给黄瓜搭架

8 采摘

蔬果什么时候成熟？该怎么采摘呢？丝瓜、西红柿、辣椒等因为果实非常明显，幼儿很容易就能发现；萝卜、花生等果实长在地下，当拨开叶子时，也会有惊喜的发现；青菜、生菜等幼儿会基于生活经验选择采摘的时机。如幼儿带上剪刀、小筐等，收获薄荷叶、小麦。一部分蔬果可以直接分享品尝，还有一部分可以留着继续生长，直到完全成熟，如丝瓜可以一直留着长成老丝瓜；青菜可以一直生长到有菜薹、开花、结籽。不同时期的收获让幼儿不仅能品尝新鲜的蔬果，也能感受植物在不同阶段的不同状态。在采摘的过程中，幼儿不仅学会了摘、剪、刨、掰等收获方法，也能进一步用多种感官认识各种植物果实，逐步获得对种植的全面认识。（图28～31）

图28　好大的丝瓜

图29　合力收花生

图30　摘薄荷

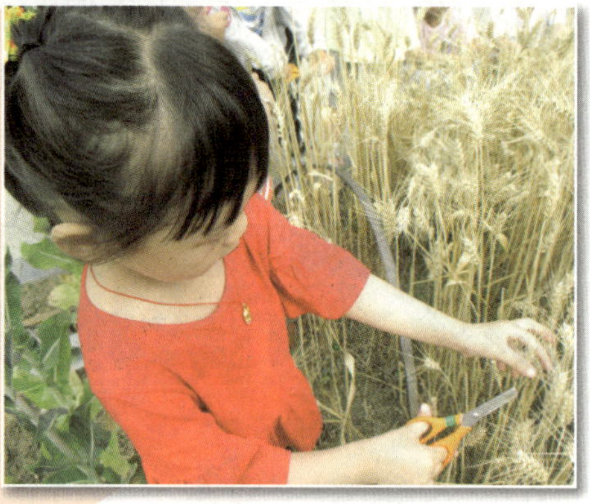

图31　收小麦

9 脱粒

小麦、油菜、蚕豆等植物的种子藏在壳或豆荚里，成熟后需要进行脱粒。教师可引导幼儿了解多种脱粒的方法，如用机器脱粒，用暴晒、碾压的方式脱粒等。师幼可以准备牢固的薄膜、竹匾、箩筐等，先将小麦、油菜等放上去进行暴晒，然后用积木、脚等进行碾压，最后借助风扇、筛子将杂物清除。(图32)

图32　幼儿给小麦脱粒

10 品尝、分享和展示

品尝是幼儿在种植活动中最期盼、最欢乐的事了，各种蔬菜营养丰富，吃法多样，可凉拌、爆炒、红烧、腌制等。幼儿前期可和家长、同伴讨论怎样吃自己种植的蔬果，老师要尊重幼儿的选择，提供工具，鼓励幼儿自己洗、拣、切、抄、拌等。对于小麦、油菜等农作物，可提供石磨，鼓励幼儿将麦子磨成面粉等，然后再进行加工。在品尝的过程中，有些原先不爱吃蔬菜的幼儿也能津津有味地品尝自己种植的蔬菜了，还可邀请家长来园参与制作、品尝等，分享劳动成果。品尝的过程更能让幼儿享受劳动带来的自豪和快乐。(图33～34)

除了品尝之外，植物的根、茎、叶、种子等都是幼儿的宝贝。在美工区，幼儿用叶子拓印，用根、茎、果实等进行艺术创作，用汁、种子作画；在图书区，幼儿将自己种植的故事记录下来，仿编或创编种植故事书；在自然角，幼儿将果实进行陈列展示，和更多的人分享自己的劳动成果；幼儿还可以开展植趣园丰收展销会，通过义卖让种植的劳动成果发挥更大的作用……

图33 磨浆

图34 包馄饨

四、支持种植区活动开展的有效策略

《3～6岁儿童学习与发展指南》指出:“幼儿的学习是以直接经验为基础，在游戏和日常生活中进行的……”在种植活动过程中，幼儿亲历了植物从“种子”到“种子”的一生，他们在与植物、水、土壤以及各类工具材料互动的过程，在教师多元、适宜策略的支持下，有了全方位的收获。

1 学会放手，让幼儿努力做种植的主人

案例：破了的蚕豆（大班）

蚕豆泡好准备种了，天赐发现一个蚕豆种子的皮破了，露出了里面白白的肉，他问:“还能种吗?”淇淇说:“不能种了，它的皮都破了。”琰琰说:“可以种，破皮没关系的。”淇淇说:“这个破得太大了，肯定不会发芽了。”他们谁也说服不了谁。这时，教师没有直接给予结论，而是说:“要不，这个破了皮的我们也种种看吧!”幼儿还决定用吸管为自己要播种的种子做标记，这样才能知道怎样的蚕豆会发芽。蚕豆种好几天后，大部分的蚕豆都发芽了，但琰琰的种子还是没有。淇淇对琰琰说:“你的蚕豆种子不会发芽了，是破的。”琰琰没有吭声，还是每天都会去给蚕豆种子浇水，看一看她播种的蚕豆种子到底发芽了没。看着琰琰坚持的样子，教师问:“像琰琰这样破了皮、露出肉的蚕豆到底会不会发芽呢?请大家回家问问有经验的大人或者查查资料。”(图35～36)

幼儿第二天来园进行了分享。淇淇说:“爸爸告诉我的，破了皮但没有伤到胚芽的蚕豆是会发芽的。但是如果伤到胚芽就不会发芽了。”皓皓说:“我发现琰琰的那颗蚕豆破得太厉害了，都露出肉了，肯定伤到了胚芽。”但琰琰还是很坚持，她想要把蚕豆种子挖出来看一看，到底胚芽有没有受伤。于是大家陪她一起来到植趣园挖出了蚕豆种子，发现琰琰的蚕豆种子已经有点发霉了。看着琰琰失落的样

子，教师摸摸琰琰的头说："要不我们重新选种，补种蚕豆吧？"这一次，琰琰和瀚允特地挑选了特别饱满、没有一点点破的蚕豆种子重新播种，没过多久也发芽了。

图35　破蚕豆

图36　做标记

在种植活动中，教师要时刻铭记"幼儿是种植的主人"，要学会放手，让幼儿自己做决定，在实践中验证自己的想法。当幼儿有不同的想法，并各自都坚持己见没有结果时，教师不要简单下结论做决定，而是放手让幼儿尝试，支持引导幼儿自己想办法解决问题。幼儿可以通过实验操作、询问大人、查阅资料等方法了解相关经验，在"试误"的过程中，感受不同种植条件下植物的生长情况，感受植物的生长需求及规律，以及植物与周围环境的关系等。

2 做好准备，在关键时刻促进深度学习

种植活动是动态的、长期的，有很多的偶发性，从种到收获是一个漫长的过程，幼儿常常不能持续地保持积极兴趣，教师要储备相关的种植经验，如不同时令与节气适合种植的植物，不同植物的根、茎、叶、果、种子的不同特点，在植物生长过程中哪些阶段具有哪些典型特征等。教师在有准备的基础上就能关注到植物生长的关键阶段，及时捕捉幼儿的兴趣点，做到时时关注，适时引导，在预设与生成相融合的过程中，促进幼儿感受植物的典型特征，获得更多有价值的经验。

例如春天，植趣园里各种各样的花开了，幼儿非常感兴趣，他们发现油菜花和萝卜花都是四瓣的，蚕豆花和豌豆花像蝴蝶。教师就可以鼓励幼儿统计植趣园里有哪些花，共有多少种花，再根据统计进行分类等。幼儿在探究花的过程中了解植物的科目分类、不同科目花的特征等。（图37～38）

图37　幼儿找花

图38　寻花统计图

图39　白萝卜叶子

图40　红萝卜叶子

在红、白萝卜的种植过程中，有幼儿发现红白两种萝卜的叶子不同，白萝卜的边是波浪形状的，红萝卜的边像锯子一样有点尖尖的。红萝卜的叶子长得比较紧密，白萝卜的叶子好像散开了一样。教师及时引导幼儿聚焦观察，画出不同萝卜的外形，在对比中进一步发现不同，促进幼儿观察能力的发展。(图39～40)

3 支持实验，促进幼儿发现更多种植秘密

种植过程中，幼儿关注的对象不只是植物本身，还包括植物生长的环境和条件。在植物生长的过程中，幼儿对自己种植的植物会非常关注，他们会经常去观察、记录植物生长变化的过程，比较它们的不同和变化等。对于叶子枯萎、有洞洞、同种植物的粗细等，幼儿会有很多的猜想，并会为了验证自己的猜想而进行持续的实验。教师要及时把握关键事件，提供充足的时间和材料，支持幼儿实验，让幼儿在探究的过程中感受、理解环境与植物的关系等。

在“植物到底是用根喝水还是叶子喝水”的争论中，幼儿分组进行了植物喝水的实验，从田间到教室，从土培到水培，从无色到有色，在二十多天的实验中，幼儿大胆表达想法，持续探究，用图画记录变化，基于观察进行分析、判断、推理，动手动脑寻找

答案，最后得到了结论。（图41～42）

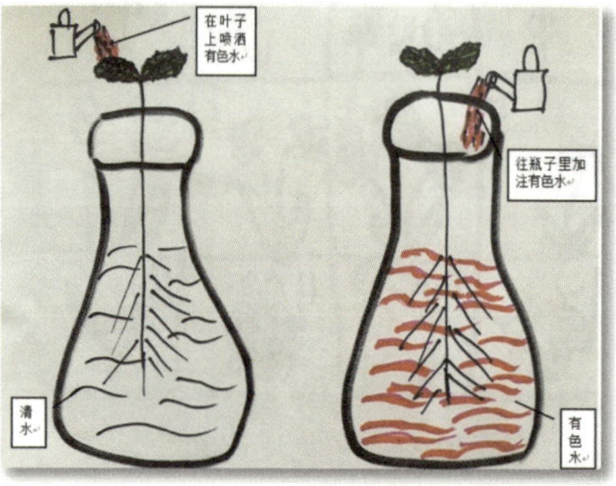

图41　实验记录图

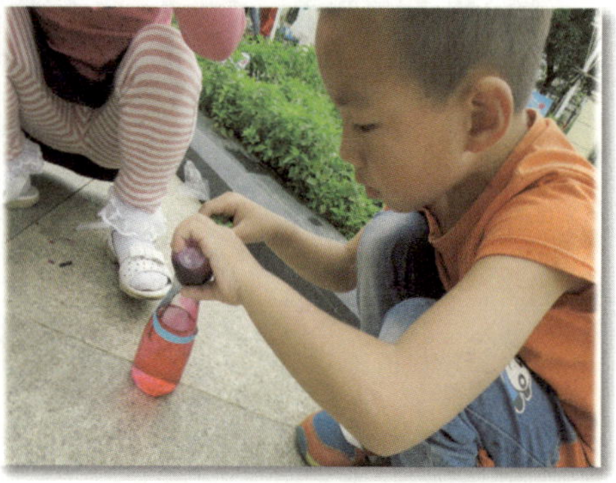

图42　叶子“喝水”实验

在“有机肥厉害还是无机肥厉害”的探究中，幼儿分组制订种植计划，在相同的时间分别用豆渣和尿素给香菜施肥，不怕脏、不怕臭地进行试验，最后发现不同肥料种植的香菜茎颜色不同，还通过查阅资料了解到是因为肥料中微量元素不同，改变了土质，所以造成了茎的颜色不同。在趋光种植的试验中，幼儿用黑色塑料袋和透明塑料袋盖住芹菜，在持续的观察中发现没有阳光照射的芹菜又黄又瘦，有阳光照射的芹菜绿油油的，从而进一步知道植物的生长离不开阳光，植物具有趋光性等。在支持幼儿做实验的过程中，幼儿收获的不仅是植物的秘密，更是科学探究的方法、持续探究的积极性、能为验证想法坚持到底的韧劲及对植物、大自然的深情。

4　鼓励记录，激发幼儿持续学习的兴趣

动态生长的植物给幼儿带来了很多惊喜，教师可以引导幼儿学习比较观察法、持续观察法等，引导幼儿从多角度进行观察，提供充足的时间及工具材料，鼓励幼儿记录自己的发现，以培养幼儿良好的观察记录习惯。在记录的过程中，根据幼儿年龄特点引导幼儿使用合适的记录方法，如：实物粘贴法、表格记录法、图片记录法、做植物日志

图43　植物日志

图44　图片记录法

等。幼儿系统记录自己的发现，能更好地发现植物生长变化的规律，更好地建构相关经验。（图43～44）

为了更直观地引导幼儿发现植物的生长变化，教师还可以采用实物记录的方法，将适宜的插塑玩具，如自制有明显刻度的泡沫板直尺、KT板量高尺等，插在田间地头，这样便于幼儿及时记录比较，更直观便捷地感受植物的生长变化。（图45～47）

图45　用水管玩具记录高度

图46　用自制尺记录高度

图47　用自制量高尺记录高度

幼儿在记录的过程中，不仅积累了关于植物的经验，更是通过持续的观察发现、深入的探索思考，不断产生积极的新力量，获得有价值的新经验、新发展。

小动物 大探秘

户外养殖区环境创设

无锡市育红实验幼儿园 王 瑜 撰写

XIAO DONG WU DA TAN MI

《幼儿园教育指导纲要》指出：要引导幼儿对身边常见事物和现象的特点、变化规律产生兴趣和探究欲望。养殖区是不可多得的天然学习场，幼儿可以通过参与喂养、照料小动物，参与观察、发现、猜测、验证、描述、表征等过程探究和认识周围的事物和现象，从而获得发现问题、解决问题、收获新知的机会。养殖区环境创设关注其对幼儿发展的价值，强调课程意识和儿童意识，立足幼儿的主动学习和长远发展，对于幼儿现在和未来的发展具有不同寻常的意义。

一、满足儿童需要的养殖区区域划分

养殖区一般根据幼儿园的地理地貌、空间利用以及课程设置来进行创设，可以选择光照适宜、靠近水源的地方，养3～5种小型动物，一般可以同时容纳10～15人。根据养殖活动的特点，一般可以将养殖区划分为材料储备区、养殖区、观察区和展示区等。养殖区的基础性设施建议：

1 材料储备区

有可以遮雨避风的材料房子或棚子，盛放食物、器皿以及工具的材料架子。

有用来清洗或者喂水的水源，或者水槽、水缸等盛水设备。

2 养殖区

有适宜动物居住的房子、笼子等，以及用于防护和保护小动物的防护栏或防护网。（图1）

图1　动物围栏

有相应的提示牌和标语牌，用于提醒和倡议。

3 观察区

有宽阔的、便于幼儿观察的场地，以及用于观察写生的架子。（图2～3）

图2　幼儿观察动物

图3　写生架

④ 展示区

有可以展示幼儿发现和探索过程的展示架、展示墙或者展示板。

二、支持儿童操作的养殖区资源准备

① 养殖设备和材料

有3～5种饲养的小动物。（图4～6）

图4　饲养的鸡

图5　饲养的兔子

图6　饲养的孔雀

有动物的居所，如：笼子、水族箱、蚂蚁穴等。

有喂养动物的食物。（图7～8）

有饲养动物的饮水器、喂食器等。（图9～10）

图7　动物的食物（一）

图8　动物的食物（二）

图9　盛水器皿

图10　喂食器

2 探索工具

有用来探索的工具，如：小铲子、放大镜、望远镜、手电筒、昆虫器、镊子、滤网、压舌棒、温度计等。（图11）

图11　放大镜

图12　捕虫网

有用来分类、混合和测量的工具，如：分类盒、尺子、量杯、秤、绳子等。

有用来捕捉的工具，如：手套、小棒、捕虫网、阔口瓶、捕虫器、镊子、管子、渔网等。（图12）

3 记录工具

图13 书写板

图14 测量绳子

有书写板、纸张、笔、颜料、黏土、拼贴材料、电线、绳线等书写、记录的工具。（图13～14）

有废旧手机、平板电脑、照相机等便于幼儿观察记录的工具。

有多种满足幼儿不同探索需求的幼儿记录表或记录册。

有户外画架、画板或者写生板。

4 其他辅助资源

有关于动物的书、杂志、报纸、图片、视频等参考资料，以及田园指南和其他启发性资料。

有关于生物的网站，以及关于动物习性、生长过程的视频、影像等电子资源库。

有保护自己的靴子、手套、围裙等材料。

三、适合儿童参与的养殖区内容选择

幼儿对于小动物具有天生的痴迷，只要有机会他们就会凑近小动物，渴望了解它们，对它们充满了无限的好奇。养殖区内容的选择可以根据幼儿园的养殖种类、养殖内容以及生态环境等来确定。

幼儿参与养殖的过程中，教师需要创设一个探究式的环境，即一个基于幼儿自己产生的问题的学习环境。幼儿是环境的主导者，课程不是教师的预设产物，是随着幼儿游戏和想法的不断变化而不断生成的。这样的环境里，幼儿的想法和问题应该得到珍视，并成为后续活动开展的基础。

1 喂养动物

（1）给动物准备食物

给小动物准备食物，是幼儿非常乐意做的事情。小动物吃什么？幼儿想一想、猜一猜，然后准备食物，进行喂养来验证自己的猜测。通过完成给小动物准备食物的记录表，幼儿可以获得关于动物喜欢吃什么的具体经验，并学习到猜测、验证的科学方法。

幼儿喂养孔雀和鸡的时候，教师放慢活动的节奏，给幼儿充分的时间去猜测和验证，并最终帮助幼儿得出"吃什么"的结论，让每一个幼儿经历探索的过程，理解和掌握相关的科学概念。（图 15～18）

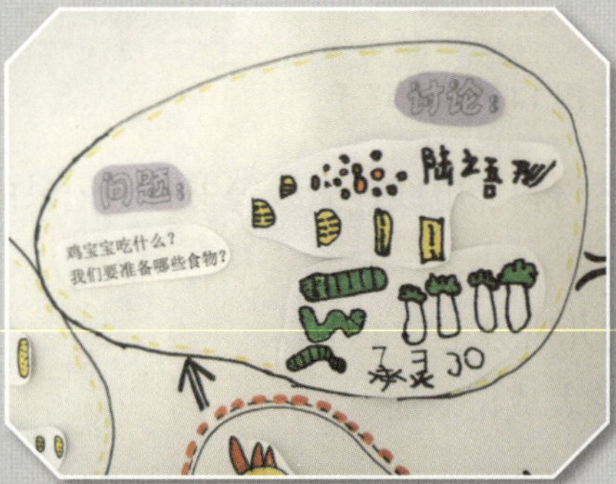

图 15　鸡宝宝吃什么

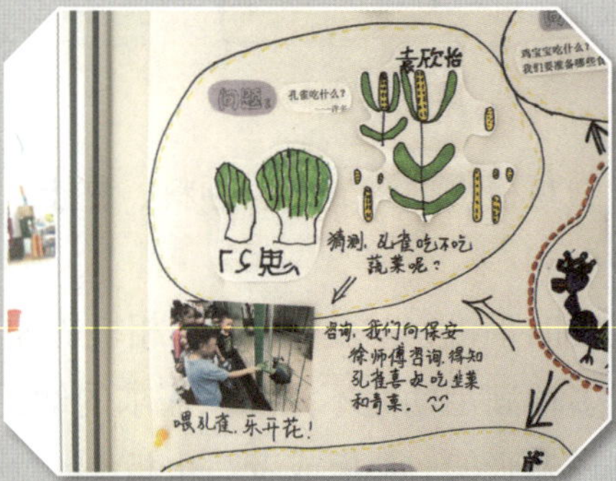

图 16　孔雀吃什么

图 17　给鸡宝宝准备食物

图 18　给孔雀准备食物

（2）实地喂养动物

实地喂养小动物，不是走马观花、心血来潮，而是要轮流负责、责任到人，这样才能够真正培养幼儿的责任心。任务驱动下的幼儿需要清楚喂养的动物吃什么、谁来喂、怎么喂、一天喂几次、一次喂多少等一系列问题。这些问题都是幼儿学习的契机，每一个问题都需要通过尝试、观察、猜测、验证等方式，和同伴协商、分工，形成照顾小动物的方法、形式，并形成共识。幼儿在喂养的过程中，既学习了喂养动物的科学方法，掌握了科学技能，还形成了科学思维和态度，提高了责任意识。（图19～20）

图19　喂养动物

图20　喂养打卡

2 观察动物

（1）观察动物外形特征

动物长什么样？这是幼儿最关心，也是最喜欢讨论的话题。幼儿往往通过描述、写生或者记录来呈现自己对观察对象的认识和理解。幼儿感兴趣的动物外形特点主要包括动物的体形、毛色、大小、移动方式等。例如：孔雀比鸡形体上要大；公鸡的腿比母鸡的腿长；公鸡的爪子上多了一个趾，而母鸡没有等等。幼儿通过观察来了解不同动物的不同特征，进而认识和了解动物世界。（图21～22）

图21　孔雀比鸡大

图22　公鸡的腿比母鸡的腿长

（2）观察动物生活习性

每一种动物都有着千差万别的生活习性，它们的用食方式、移动方式、住所、生活环境等都各不相同，因此，了解动物还需要了解动物的生活习性。幼儿在自身已有经验的基础上，还可以通过观察、对比实验、查阅资料等方法了解动物的生活习性。

蚯蚓是喜欢住在沙子、腐土还是泥土里？蚂蚁是喜欢吃饼干还是肉食？蜻蜓吃什么？鸽子起飞时翅膀先动还是腿先动？幼儿根据自己的问题，通过多次观察或者对比试验的方法获得问题的答案。而对于一些急需解决或者不能通过观察试验的方法获得答案的，就需要以访问和查询资料的方法获取答案。比如，孔雀蛋怎样变出小孔雀，孔雀冬天怕冷吗等问题，幼儿可以通过询问家长、查询资料，直接获取答案。

幼儿观察到的鸡和孔雀的不同主要表现在孔雀喜欢蹲在架子上，鸡喜欢在沙地上；孔雀平时不叫，叫起来的声音特别响，鸡是咕咕、喔喔的叫声；孔雀和鸡都有自己喜欢吃的食物；雄孔雀在春天的时候会开屏等。（图23～24）

观察动物的生活习性，了解动物与人之间的关系，让幼儿更加懂得如何爱护和保护动物，从而善待动物，提高幼儿对动物的认识，加深了幼儿喜爱动物的情感。

图23　孔雀喜欢蹲在架子上

图24　孔雀和鸡吃的食物不一样

3 探究动物

（1）动物的生死

生老病死是自然规律，有些问题会让幼儿充满期待，如新生命的诞生；有些问题会牵动人心，让幼儿忧心忡忡，比如动物生病了；有些问题会令幼儿悲伤，甚至不愿意面对，尤其是死亡问题。我们无法回避死亡，只有真正懂得了死亡，幼儿才可以坦然面对永别，对于生命的敬畏之情也就油然而生了。

中班的幼儿发现笼子里的兔子死了。老师没有回避这一现象，而是带领幼儿开始了关于生与死的讨论。"怎么死的？""嘴上有血，可能是喂了有农药的菜毒死的。""可能是'守株待兔'撞死的。""可能是拉肚子死的，你看它屁股上有拉稀的痕迹。""什么时候死的？""昨天晚上死的，你看它肚子已经不动了。""可能是刚死的，昨天下午我还看见它在吃草。”“动物为什么会死？”“自然现象。”“死了我们怎么办？”“掩埋，让兔子留在记忆里。”“我们以后如何照顾动物？”“小心喂养，更加爱护。”（图25～28）

图25　兔子死了

图26　兔子是怎么死的

图27　掩埋

图28　我们的倡议

珍惜生命，爱护生命，善待生命，死亡教育让幼儿不仅了解了生命的短暂，也对生命有了敬畏之情。

（2）动物的饮食

动物吃什么？这是幼儿接触动物时首先会想到的问题。针对幼儿感兴趣的问题，教师可以提供很多机会，让幼儿先猜测，寻找食物，再来自己喂食，逐步证实猜测的结果，进而得出正确的结论。

中班幼儿观察操场上的蚂蚁，展开了对蚂蚁的研究。吃什么、住哪里、长什么样等一系列问题，成为幼儿认识蚂蚁的绝佳机会。就“蚂蚁吃什么”的问题，幼儿找来了香梨、苹果、大米、饼干等十几种食物，分时分类进行喂食后，得出了蚂蚁爱吃哪些食物

的结论。对于幼儿来说，提出问题、解决问题的过程十分有趣，这也使幼儿深入探究一系列问题成为可能。（图29～30）

图29　蚂蚁吃什么统计表

图30　蚂蚁最爱吃的食物

（3）动物的居所

动物住在哪里？需要什么样的环境？我们还需要准备什么？又是一系列的探究问题和学习机会。幼儿可以研究动物住所的特点，进而为动物搭建居所，创造适宜生存的环境。更多的时候，我们在探究的过程中会有更多的发现和崭新的认识。

小兔子是住在木房子里的，房子很好看，里面还有柔软的草，一定很舒服。但是幼儿发现，兔子的窝里多了一个地洞，这是哪来的？幼儿通过多次观察发现，这是白色的大兔子打的洞。过了一段时间，幼儿发现，洞被兔子埋上了。又过了一段时间，幼儿惊喜地发现洞里爬出来几只小兔子。问题来了，这个洞和小兔子是什么关系？小兔子为什么从洞里爬出来？兔妈妈为什么在洞里生宝宝？幼儿的探究活动又开始了。（图31～32）

图31　兔子及居所

图32　兔子的洞

为了让动物能够和幼儿和平相处，在给动物安家的时候要尽量模仿动物生活的原生环境，但是当人们创设的环境不能满足动物需要时，它就会重新寻找环境。这样的学习是幼儿亲身经历和感受到的，对于其后期的发展具有重要作用。

（4）动物的捕捉与放生

为了近距离持续研究小动物，教师可以鼓励幼儿捕捉昆虫、蝌蚪、蜗牛等小动物并喂养一段时间。在捕捉的时候，要准备好捕捉的工具和盛放的器皿，以免弄伤小动物。要给捕捉来的动物适宜的居住环境和食物，并在观察结束后及时放回捕捉地点。这样可以让幼儿明白我们需要善待动物，并尊重其生存需要和生活习性。（图33）

图33　捕捉昆虫

四、支持养殖区活动开展的有效策略

幼儿时时刻刻都在学习，但是有意义、有价值的深度学习需要教师提供适宜的帮助和支持。养殖区的动物探究不能仅仅是幼儿的随意摆弄和玩耍，否则将难以获得科学概念和方法，教师的帮助和支持的重要性因此而凸显。

1 帮助幼儿掌握科学概念

养殖区的学习，更多的是支持幼儿学习和理解有关动物的科学概念。动物的科学概念包括其基本特征、繁殖方式、食物、居住条件、生长变化、行动方式以及与人类的关系等。学习这些概念不是一蹴而就的，而是幼儿参与其中进行主动探索后，教师在幼儿已有经验的基础上帮助幼儿梳理，之后才能固化在幼儿的知识体系之中的。

案例： 蚕宝宝（小班）

图 34　蚕宝宝

图 35　采桑叶

图 36　喂蚕宝宝

图 37　观察蚕宝宝

图 38　自制蚕山

小班的幼儿带来了蚕宝宝，其他幼儿也兴奋地围拢过来议论着，养蚕的探究过程也就此展开。蚕宝宝吃什么？桑叶哪里有？怎么采桑叶？怎么保存桑叶？桑叶干了怎么办？蚕宝宝什么时候结茧？茧有什么用？无数个问题逐渐被幼儿问及，幼儿带着这些问题，开展了采桑、储存桑叶、照看蚕宝宝、观察其生长情况、清理废弃物、表征记录等活

图 39　蚕宝宝化茧成蛾

动，逐步加深了对蚕宝宝的认识、了解。当蚕宝宝吐丝的时候，幼儿更是惊奇得不得了。他们在教师的带领下自制了蚕山，每天惊喜地看着一个一个的蚕宝宝一点一点用丝把自己裹起来，变成一个个漂亮的椭圆形的蚕茧，不久后，蚕茧里爬出蛾子。(图34～39)

这个过程非常神奇，幼儿目睹和见证了小小的蚕宝宝一点点长大，从吐丝变茧，到从茧变成蛾子的过程。在这个过程中，教师不断地和幼儿谈论它们的生长变化，为幼儿提供一系列的支持。幼儿习得科学技能的同时，理解了科学概念，包括生物的基本需求，即食物及生存空间，生长变化和生命周期，以及蚕从小到大、从蚕到蛾的变化等。这些学习让幼儿的探究更有意义和价值。

2 支持幼儿澄清自己的观点

幼儿是天生的“理论家”，他们往往对事物有自己的认识和理解。教师需要尊重、了解、理解每一个幼儿的想法，并学会倾听与引导，为幼儿创造表达和澄清自己观点的机会，进而支持和促进幼儿依据想法开展的探究行为。

案例：谁的羽毛(中班)

户外游戏的时候小朋友捡了一根羽毛带回教室。

我问：“这根羽毛是谁的？”

程磊说：“我觉得是孔雀妈妈的。”

“为什么？”我追问。

图40 孔雀羽毛

图41 鸡毛

程磊说:“因为我看见孔雀妈妈身上有灰色的羽毛。”

子航说:“我觉得是孔雀爸爸的，因为我看见孔雀爸爸身上有长长的羽毛。”

可钦说:“我觉得是孔雀宝宝的，因为孔雀宝宝现在长大了，也长出了长长的羽毛。”

我再次追问:“这根羽毛有没有可能是鸡的呢?”

幼儿纷纷表示不可能，洋洋说:“鸡的羽毛是黄色的，这根羽毛是灰色的，所以绝对不可能是鸡的。”

这根羽毛到底是谁的呢?幼儿再一次去户外养殖园观察。

李典第一个叫起来:“老师，这根灰色羽毛是鸡的。”

我说:“你们昨天可不是这样说的哦。”

李典继续说:“鸡身上的羽毛都是黄色的，可是老师你看鸡尾巴上的羽毛大部分都是这种灰色的。”李典边说边把我拖到鸡的面前。几个小朋友听了李典的话，仔细看了看说:“是的，这一定就是鸡尾巴上的羽毛。”我问:“为什么?”可可看了看说:“这根羽毛一定不是孔雀的。因为孔雀身上的羽毛是带斑点的灰色，和鸡身上的羽毛是不一样的!”

李典在围栏边又捡起一根羽毛，看完后拿在手里向我摇摇:“老师，你看看，这才是鸡的羽毛。”(图40～41)

教师开放性的问题和不失时机地追问，引发幼儿更多的思考和讨论，支持幼儿不断地反思和调整，鼓励幼儿表述自己观点背后的原因。幼儿在不断澄清的过程中，思考也变得越来越具体，越来越深入，越来越独立。

3 支持幼儿运用多种探究技能

教师创造机会并鼓励幼儿在探究过程中针对性地使用观察、调查、分类、比较、测量、推理、预测、记录、下结论等科学方法来解决问题。探究问题的科学态度、方法相当可贵，只要教师提供适宜的环境与刺激，幼儿就可以主动建构、学习知识与技能，且幼儿得到的结果一定比通过成人灌输的方式得来的知识更加深入而扎实。

案例: 孔雀便便的秘密(大班)

午间散步走到孔雀园，铭铭指着孔雀园里的孔雀大便说:“老师，我发现孔雀拉了一坨黑色的便便，好臭呀!”说着铭铭用手捂住鼻子。(图42)

萱萱靠近孔雀园看见地上的孔雀大便说:“老师，我发现孔雀拉的便便是白色的，上面还有一点点黑色。”

琪琪说:“我看到黑色和白色的便便。”

我问:“孔雀为什么会拉出不同颜色的大便呢?”

睿睿说:“我觉得孔雀爸爸拉黑色大便,孔雀妈妈拉的是白色大便。”

铭铭说:“我觉得孔雀们拉出来的大便一开始是白色的,时间长了大便就变成了黑色。”

……

图42　发现孔雀便便

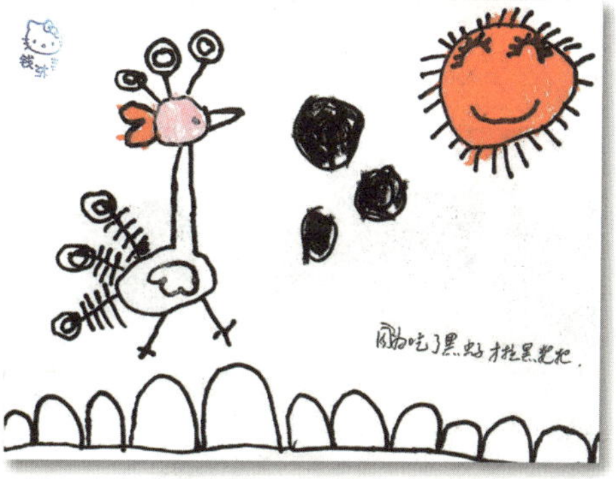

图43　黑色的孔雀便便

图44　黄色的便便

图45　便便颜色猜测

我问:“你们拉的便便是什么颜色的?”

月月说:“我拉的便便是黄色的,但是吃了火龙果之后拉的便便是红色的。”听了月月的发言之后,幼儿都若有所思。

元元说:“我一般拉的便便是黄色的,吃了很多蔬菜之后会拉绿色的便便。”

宋之莹说:“我知道了,孔雀拉黑色的便便一定是因为它吃了黑色食物。”

多多说:“我觉得孔雀拉黑色的便便是因为它吃了黑色的虫子。”

琪琪说:“如果孔雀吃了火龙果,也一定和我一样拉红色的便便。”

图46　喂食

图47　绿色便便

图48　喂食

图49　白色便便

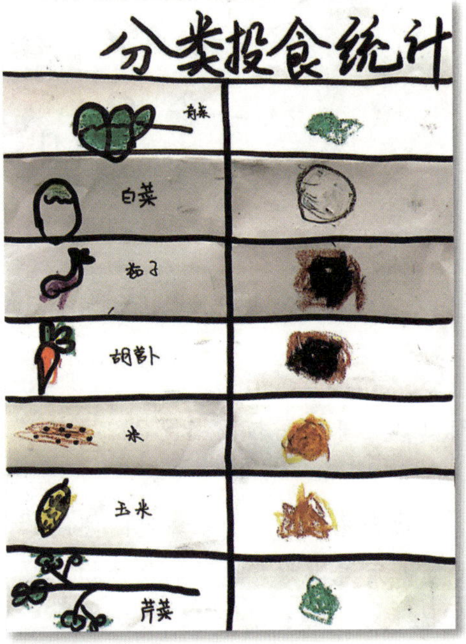

图50　喂食及便便颜色统计表

睿睿说：孔雀一定是吃了白色的大米，所以才会拉出白色的便便。

宋之莹：孔雀爸爸妈妈一定是吃了绿色的东西才会拉出绿色的大便。（图43～45）

……

在接下来的日子里，幼儿带着问题，给孔雀投放不同颜色的食物，不断地去喂食、观察、验证孔雀便便的颜色。

第一天和第二天，幼儿给孔雀投放黄黄的小米。孔雀拉出了褐色的便便。

第三天和第四天，幼儿给孔雀

投放绿绿的青菜。孔雀拉出了绿色的便便。(图46~47)

接下来的三天，幼儿给孔雀投放白菜和白米。孔雀拉出了带有黑色的白色大便。(图48~49)

接下来的几天幼儿还给孔雀投食了玉米粒、胡萝卜、茄子。幼儿发现孔雀拉出了褐色微黄的便便。

于是，幼儿总结出了结论：我们给孔雀吃了什么颜色的食物，它拉出来的大便就是什么颜色。(图50)

幼儿参与了猜想和验证的过程，这个过程持续了整整两周的时间，幼儿认真观察、细致记录、逐步验证，过程中使用了观察、比较、猜想、推论、记录等方法，这些方法的学习有助于科学概念的掌握和理解，科学思维的形成和运用。

幼儿的猜想	幼儿使用的探究方法
孔雀的便便颜色和食物有关	1.观察、比较孔雀便便的颜色 2.讨论孔雀便便颜色为什么不同 3.猜想、推论和预测便便的颜色可能和食物的颜色有关(因果关系) 4.寻找不同颜色的食物，分时间段进行喂食验证 5.追踪观察并记录孔雀便便的颜色 6.描述和分享自己的发现 7.提出问题并解决问题 8.下结论

4 支持幼儿刨根问底的探究精神

幼儿天生就对未知的世界充满了好奇心，凡事都要问个为什么，喜欢探究和刨根问底。作为支持者的教师，有责任保护幼儿的好奇心，并利用幼儿的好奇、好问，为幼儿进行深入探究提供支持与帮助。周围世界中的未知问题为幼儿提供深入探究的学习机会，我们相信让幼儿学会如何探究比让幼儿知道多少知识更有意义。

案例： 爪子的秘密(中班)

喂养孔雀的时候，一群幼儿围在一起不停地议论着。

哲哲说："你们看，孔雀和鸡的爪子长得一样，都是尖尖的，趾甲长长的！"

玥玥说："不对，孔雀的趾甲比鸡的长。"

雯雯凑过来说："那它们趾甲那么长，要剪趾甲吗？"

慢慢地，关注孔雀爪和鸡爪的幼儿越来越多，有的问："孔雀和公鸡的爪子要剪趾甲吗?”还有的问:“孔雀和鸡每只爪上都有三根尖尖的趾头,像叉子一样,是用来叉食物吃的吗?”

图51　幼儿问题和猜想(一)

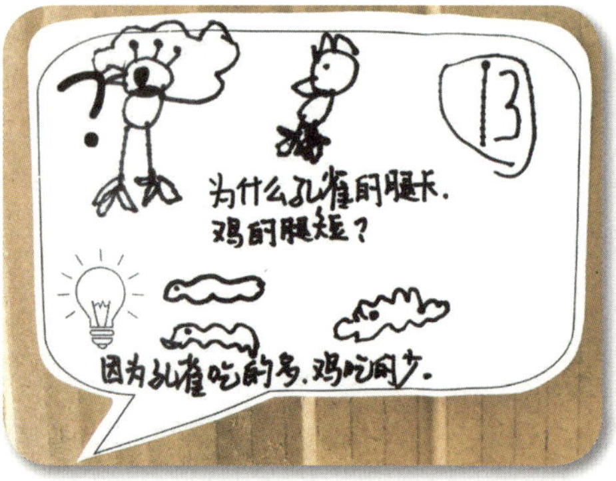

图52　幼儿问题和猜想(二)

果果问:“孔雀和鸡的趾甲那么长,要剪趾甲吗?”他自己想了想,又解释道:“不用,它们应该会自己啃掉。”(图51)

希希问:“为什么鸡的腿比较短,孔雀的腿比较长呢?”他自己又解释说:“因为鸡吃的虫虫少,孔雀吃的虫虫多。”(图52)

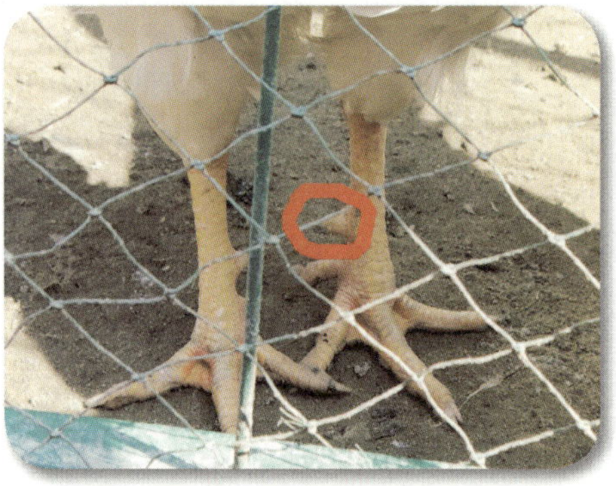

图53　公鸡的爪子

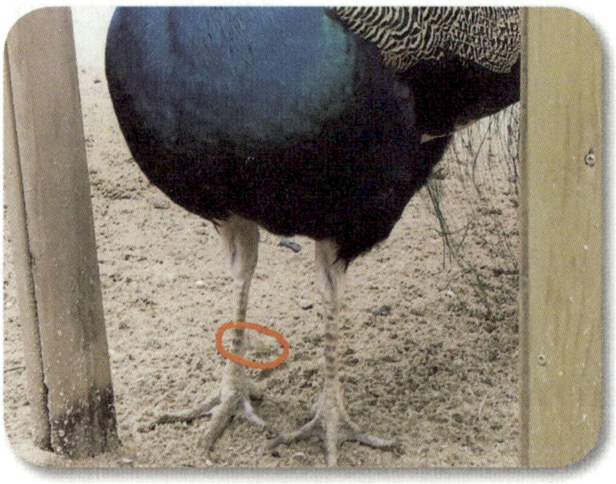

图54　孔雀的爪子

这一天,几个幼儿正在户外画孔雀和大公鸡,朵朵画了三根脚趾的孔雀爪。

硕硕说:“你画得不对,孔雀的爪有四根脚趾,你看我画的,三根在前面,一根在后面。”

航航说:“不对,有五根脚趾呢,还有一根长在腿上的。”

那么孔雀和鸡的爪爪到底有几根趾呢?教师和幼儿一起数了数。

统计结果后发现有27位幼儿数出四根脚趾，有8位幼儿数出五根脚趾，到底是四还是五呢？原来孔雀和鸡爪子的上方都有一根像脚趾的“嘟嘟头”。(图53～54)

那么这根“嘟嘟头”到底是什么呢？幼儿问教师，教师说他不清楚，回去问爸爸妈妈，他们也不知道。一个幼儿说：“爸爸在网络上都没有查到。”这可怎么办呢？另一个幼儿说：“可以问科学家啊。”“可以问博士啊。”对了，中学的生物老师一定知道的。

图55　鸡的爪爪

图56　孔雀脚趾的发育

图57　鸡的爪子和我们的手指

图58　孔雀的爪子和我们的手指

于是，我们通过电话联络到一位中学生物老师，生物老师给幼儿耐心地讲述：“这根‘嘟嘟头’叫作距。鸟类、两栖类、爬行类和哺乳类动物在某个胚胎阶段都曾有五个趾。鸟类最后一趾没有进一步发育，就成了‘嘟嘟头’。爪子上的趾三前一后，后面的一个相当于我们的大拇指，‘嘟嘟头’相当于我们的小拇指。”(图55～58)

教师总结归纳了幼儿的问题，支持幼儿采用多种方法，克服重重困难，去寻求问题的答案。在幼儿释放气馁信号时，教师要鼓励幼儿并提供恰当的帮助，支持幼儿另辟蹊径，寻找更多解决问题的办法。这样深入探究，经过多次努力学习到的知识比书本上学来的间接知识有意义得多。

小涂鸦 大畅想

户外涂鸦区环境创设

无锡市育红实验幼儿园 王 瑜 撰写

XIAO TU YA DA CHANG XIANG

涂鸦是幼儿借助一定的媒介，利用图形、色彩、线条、造型等来与世界进行交流的一种语言，这种语言比口语更早地被幼儿用来表达思想、宣泄情绪、探索世界，它是幼儿进行情感表达和思想交流最有效的工具。户外涂鸦区的创设，就是要创设更加开阔的空间，提供更多元的材料，鼓励幼儿进行个性化表达，支持幼儿的自我实现，促进幼儿经验的完整建构，满足幼儿生命成长的需要。

一、满足儿童需要的涂鸦区区域划分

为了满足幼儿取放材料、自由创作和保存、展示作品的需要，户外涂鸦区的基本区域包括：盛放各种材料的储存区、宽敞而又支持多样化表达的创作区、晾晒和展示作品的展示区等。户外涂鸦区一般设置在户外比较安静或者偏僻的地方，一是便于幼儿安静涂鸦，专心创作，免受干扰；二是便于保存和展示材料和作品。

涂鸦区的大小根据幼儿园的户外场地和可容纳人数来确定，一般可以容纳10～15人，方便教师观察和跟进指导。

1 储存区域与设施

户外小屋或者棚子，内设架子、桌子、罐子、箩筐、密封袋等用来盛放材料的设施设备。

2 创作区域与设施

盛放操作材料以及进行创作的桌子、架子或者平台。（图1～2）

图1　材料架

图2　操作区

宽敞的操作空间里有各种基本设施与材料，如涂鸦墙、涂鸦板、各种废弃的滚筒和大缸、石头、木桩、瓷砖等不怕风吹雨淋的设施。（图3～6）

靠近水源，有便于清洗物品的水槽。

图3 材料区

图4 涂鸦墙

图5 黑板

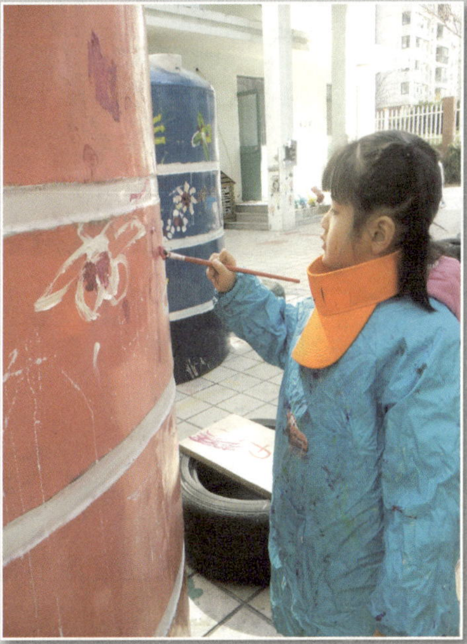

图6 废旧水桶

③ 展示区域与设施

有晾晒作品和保存未完成作品的区域和设施，如晾晒架、晾晒绳、盛放架、储物架等，以便支持幼儿持续多次开展创作活动。

有展示幼儿作品的墙面或者空间，如展示架、展示柜、展示墙等，以满足幼儿展示作品的需要。（图7～9）

图7 展示区创作(一)

图8 展示区创作(二)

图9 展示区

二、支持儿童操作的涂鸦区资源准备

涂鸦区的工具和材料并非越多越好，而是要考虑适宜性，即结合参与儿童的经验、兴趣与需要，考虑数量、种类和材料属性。材料的投放遵循幼儿的身心发展规律和经验的增长，以及由少到多、由表及里、由简单到复杂的原则，依据幼儿的实际探索水平灵活增减材料。

1 写画的工具和材料：画架、画板、黑板、铅笔、蜡笔、粉笔、马克笔、颜料、废旧纸箱、废旧报纸、木板、石板、瓷砖、帆布、取景器、放大镜等。(图10)

2 喷洒的工具和材料：喷壶、水枪、医用针筒、钻有孔洞的塑料瓶子、水性颜料、颜料桶、大面积的墙壁或地面。(图11～14)

图 10　画架

图 12　喷壶

图 11　颜料桶

图 13　喷洒的材料

图 14　涂鸦墙

3 涂抹的工具和材料：棉花球、拖把、小木桩、海绵、软笔、刷子、滚子、毛线团等。

4 扔甩的工具和材料：树枝、绳、布条、电线、纸团、抹布、皮球、滚珠、管子等。（图 15）

5 拼贴的工具和材料：干果、干梅、坚果、松果、花瓣、树叶、刨花、种子等。

6 雕塑的工具和材料：泥、黏土，萝卜、土豆等易于雕刻的果蔬，机械零件、牙签、钉子、小树枝、叉子、刀子、沙子。

7 拓印的工具和材料：石板、树叶、树皮、纱网、陶瓷片、瓦片、砖头、贝壳、插座、鞋子，以及辣椒、南瓜等果蔬。

图15　用扔甩的材料创作

8 拼接的材料：螺丝、螺母、螺丝刀、扳手、带孔的木板、塑料板、胶带、双面胶、玻璃胶、绳子等。

9 浸染的材料：餐巾纸、卫生纸、厨房用纸、宣纸、白麻布、白棉布、染料、细线、器皿、晾晒架、有毛毡的桌子等。

为避免受到天气的影响，户外涂鸦区的材料以自然物和防水的材料为主。

涂鸦区的工具和材料的投放要因人、因地、因资源而定，数量、种类不能一概而论，工具和材料的投放要根据幼儿的经验和兴趣逐步调整，及时满足幼儿的兴趣需求。

三、适合儿童参与的涂鸦区内容选择

1 涂抹装饰

结合幼儿园现有的材料资源，在原有的基础上进行美化和装饰，使其成为幼儿二次使用的创作材料，比如幼儿园运动区里的轮胎、滚筒、平衡桩，种植区里的花盆、锄具，道路边的窨井盖、路牙、空调外机等。（图16～19）

图16　风筝创作

图17　树枝涂鸦

图18 滚筒涂鸦

图19 雨伞涂鸦

② 自由涂鸦

利用校园的现有环境，采取多样化的材料，给幼儿提供涂抹的机会。依据不同材料的质地和保留时间，使用广告色、丙烯、粉笔等材料在校园里的地面、墙面、设施设备等处自由涂鸦。（图20～24）

图20 瓷砖地涂抹

图21 塑胶地涂抹

图22 墙面涂鸦

图23 装饰窨井盖

图24 自由涂鸦墙

3 户外写生

利用幼儿园户外空间里的动植物、建筑、设施等资源，展开写生活动。材料和绘画方式灵活多变，满足幼儿表达的需要。（图25～27）

图25　写生架写生

图26　小画板写生

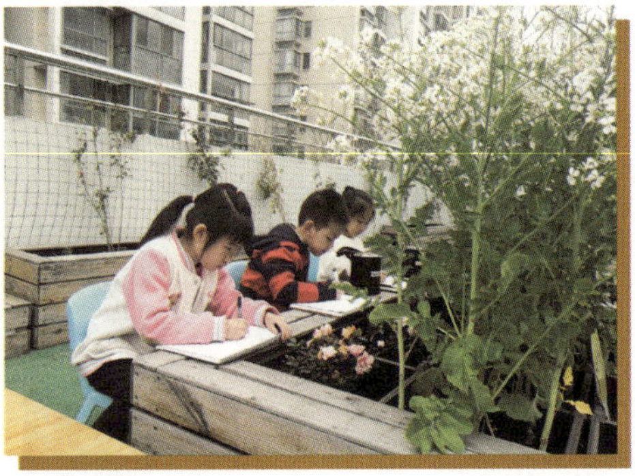

图27　校外写生

4 趣味涂鸦

利用身边环境提供各种生活中的材料，让幼儿能够使用多样化的方法进行涂涂抹抹，创造性地发挥想象。（图28～33）

图28　旋转车轮

图29　画脸谱

图 30　填格子

图 31　绘椅子

图 32　粉刷匠

图 33　汽车彩绘

四、支持涂鸦区活动开展的有效策略

1 支持有意图的涂鸦

制订涂鸦区的计划，有助于幼儿对涂鸦内容做好前期的预想，提高幼儿绘画时的专注度，也可以在一定程度上提高幼儿在执行任务中坚持完成任务和主动克服困难的能力。

案例：涂鸦计划(小班)

今天户外游戏，小一班的宝宝和月月都选择了涂鸦游戏。她们制订了自己的游戏计划，宝宝:“我要在大桶上画红色的玫瑰花。”月月:“我也要画红色的玫瑰花。”

游戏中，宝宝和月月在颜料堆里挑出了红色的颜料，来在大桶前，在大桶上画了红色的玫瑰花。她们很专注，偶尔相互看看或者相视一笑，继续作画。

宝贝的游戏计划:我的学号是5号，我要和9号雯雯一起玩涂鸦区，我想在格子地上画斑马线。游戏中，宝贝和雯雯在格子地上画斑马线，宝贝用红色颜料来画，雯雯用白色颜料来画，一条一条的线被画了出来。她们画了一会，站起来看看说:“还不够宽，会危险的。”于是，她们蹲下来继续画。(图34～37)

图34　涂鸦区计划(在桶上画花)

图35　专注于画花的幼儿

图36　涂鸦区计划(斑马线)

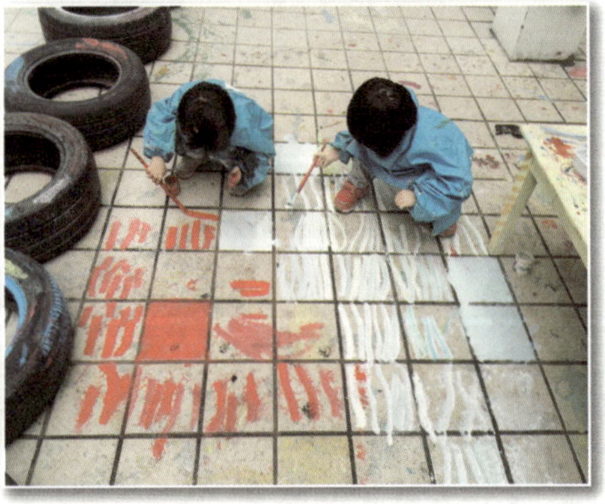

图37　专注于画斑马线的幼儿

有计划的涂鸦促使幼儿围绕着自己的原有涂鸦意图选材料、选地点、选玩伴，更专注、更投入地参与涂鸦游戏，使幼儿游戏的时间更持久，解决问题更专注。

2 谈论幼儿的作品

利用各种机会和幼儿谈论他们的作品。可以鼓励幼儿描述自己的作品，教师在过程中可以帮助幼儿熟悉艺术语言，提升审美经验。如对称、对比、渐变、连续、协调；颜色、形状、质地、图案、线条；原色、复色、混合色；曲线、弧线、斜线；绘画、立体制作的技巧，所付出的努力，自己的感受等。

案例：一朵花（中班）

小泽在涂鸦区挑了一块瓦片，选了红、橙、黄、白四种颜料，每罐颜料里都放了一支画笔。小泽先蘸黄色，画了圆形的花蕊，根茎和叶子，接着画上半圆形花瓣并直接涂满颜色，但是小泽的花瓣没有全部包围花蕊（图38～39）。

图38　小泽画花（一）

图39　小泽画花（二）

接着小泽蘸取橙色绕着黄色花瓣添画了一圈波浪线，这次波浪线把刚才空出来的地方也围合了起来。（图40）

小泽又换了红色画笔，在凹进去的花瓣处画上长线和点点，最后用白色画笔在红色长线中间

图40　小泽画花（三）

图 41　小泽画花（四）

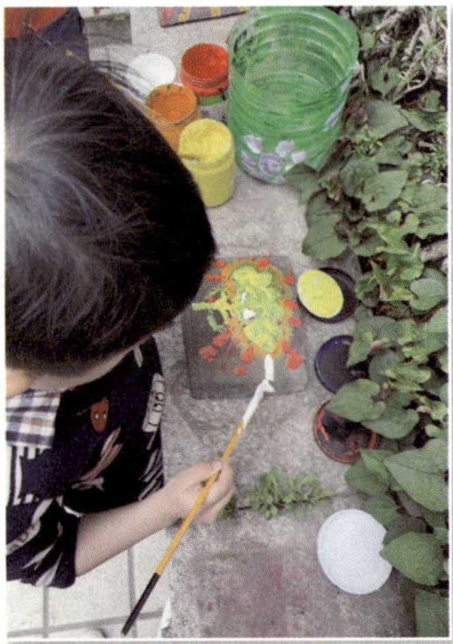
图 42　小泽画花（五）

图 43　小泽画花（六）

画上长线和点点。一红一白间隔着画完后，瓦片上慢慢地盛开出美丽的花朵。（图41～43）

小泽画完后，将作品反复看看，然后转头发现了教师，他兴奋地说："老师，看我画的花！"

教师说："我看见你用了黄色、橙色、红色和白色的颜料画了一朵盛开的花。"

小泽说："我画的是一朵盛开的皇冠花，里面闪闪发光，外面像皇冠上的珠子，风一吹它就会晃动的。"

教师说："我还发现你画的花，从里到外使用了黄色、橙色、红色这种渐变的颜色进行搭配，外圈使用了红、白的对比颜色搭配凸显珠子。"

小泽说："好看，花蕊是黄色的，花瓣是橙色的，最外圈是红白色的，像光，越来越亮。"

教师和幼儿的谈话满足了幼儿想表达和展示的愿望，激起了幼儿对自己作品的反思、回顾和解读，也进一步帮助幼儿丰富和理解了"渐变色、对比色"等艺术语言。

3 拓展幼儿的经验

利用园内资源、社区资源和家长资源等，带领幼儿以参观、交流、慰问等形式参与社区各种活动，参与活动的观察、记录、比较、猜测、验证等主动探究环节，帮助幼儿提高观察能力，丰富多元感知，拓宽和延伸他们的生活经验。

案例：春游（小班）

春日，小三班的幼儿和老师一起走进了森林公园。

他们走到波斯菊花丛旁，停了下来，围着波斯菊，边看边议论着。

“哇，有这么多新的叶子呀！”

“有多少，我会数数噢。我来数，1、2、3、4、5……”

“老师，老师，我数不清有多少叶子。”

“我也数糊涂了。”

“老师老师，每朵花都有8片花瓣噢！”钰峥报告老师。

幼儿发现波斯菊长出来的两片新叶和原来的叶子不一样，新叶是锯齿形状，还是对称着长的。大家迫不及待地将发现记录下来。

文文告诉大家：“长出来的叶子都是一对一对的，哦，原来这就是对称。”（图44）

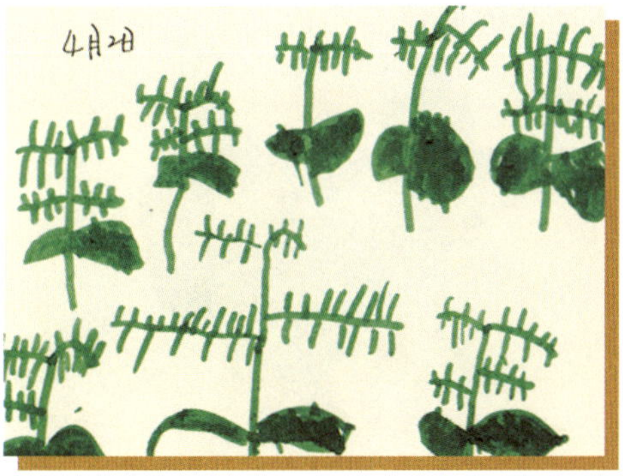

图44 叶子记录图

图45 花骨朵记录图

幼儿还惊喜地发现波斯菊叶子的最顶端长出了一个个圆圆的花骨朵。仔细看，咦！每个花骨朵的颜色都不一样，有的深，有的浅，有的红，有的黄。难道花骨朵的颜色和花的颜色有关？（图45）

小宝指着颜色深的花骨朵说：“它肯定是红色的波斯菊。”

大宝听了不甘示弱，指着颜色偏黄的花骨朵说：“我觉得它会开黄色的花。”幼儿围着波斯菊你一言我一语地讨论着。

“中间的花蕊是圆圆的，黄色的，像太阳。”恬恬细声细气指着一朵花向大家分享她的发现。

文文则一边观察，一边用手轻轻抚摸着花瓣的边缘，自言自语道：“毛毛的，一点都不光滑。不是圆形的，像锯齿。”

幼儿有机会参与到社区、原野中的涂鸦活动，去看、去听、去闻、去触摸、去感受、去联想、去猜测并获取愉悦的体验。多种感官参与体验后，幼儿才可能进行一种水到渠成的、畅快淋漓的、自然而然的表达，才能使作品充满生机，灵动而富有情感。在这过程中，幼儿认知经验的增长一览无余。

4 了解幼儿的创作过程

观察了解幼儿在创作的过程中如何使用材料，关注的主题内容是什么，艺术发展到达哪一个阶段，是否有自己的想法和独特的表达方式等，以此来评判幼儿的阶段性发展水平和后期的材料投放、技能支持等发展需要。

案例：快乐涂鸦（小班）

茜茜拿空瓶子接了半瓶颜料水来到空地上，并两手用力捏瓶身挤出颜料水，她慢慢地挤，并移动瓶子，眼睛看着流动的水。接着，她起身来到涂鸦墙前，将瓶子对准墙面，用力挤瓶身，颜料水顺着墙面慢慢流下来，她脸上有些兴奋。当挤不出水了，她又去灌满一瓶回来继续挤，边挤边告诉同伴自己的发现："看看看，水

图 46 拿空瓶子接水

图 47 朝地面挤颜料瓶

图 48 对准墙面挤颜料

图 49 将颜料水挤在地上混合

在淌。”过了一会，她又对准地面，并邀来几个伙伴说：“我们挤在一起吧！”两个伙伴应声而来，将各自的颜料水挤在地上并混合在一起。“哇！变了，变了！”这时候，老师走过来说：“换一种材料试一试呢？”茜茜和小伙伴去材料区里找材料，一会拿来了针筒和小水枪，她们灌满了颜料水，又开始玩起来。（图46～49）

教师以旁观者的身份参与其中，陪伴幼儿左右，观察、分析幼儿与材料、玩伴互动的过程，了解和掌握幼儿的经验水平，为其提供有价值的支持与帮助，促使幼儿的游戏水平不断提高。

5 保存和展示幼儿的作品

展示和保存幼儿作品的方法多种多样，可以根据幼儿园的空间、材料等各种资源来考虑恰当的展示方式；可以直接二次投入使用，投放到音乐区、运动区、休息区、科学区等区域，结合原有材料使用；可以设立专门的展示区域，吊挂、张贴、摆放展示或展览；也可以直接用来美化环境，用在合适的角角落落，装点环境。

案例：涂罐子（大班）

大二班的周老师布置了一个任务：涂鸦区今天需要给三个罐子做装饰。

幼儿踊跃参与。老师抛给他们两个问题：怎么分工？怎么装饰？只见他们围在一起叽叽喳喳议论开来，一会结果出来了。小朋友分为三组，两两合作，用圆点装饰。

图50 分组装饰罐子（一）

图51 分组装饰罐子（二）

于是，满满与轩轩一起画，他们挑选了自己喜欢的紫色系列。轩轩一个一个慢慢画，满满画了几个就说累……豆豆、悦悦一起画，豆豆一会儿右手画画，一会儿左手画画，他盯着一块作画，画的圆点大小不一，错落有致。悦悦则不然，他一手握颜料瓶，一手握笔，画几个就停下来看看，嘴里说着："饼干、太阳、彩虹糖……"圆圆和希希一起作画，他们除了画画，还互相观赏，希希尝试多种方式画圆，如：画好轮廓填色、随意的点画、把小点扩大晕染成圆片、两只手握笔转动笔杆转出一个圆……很快作品完成了，他们一起将罐子移动到一侧，摆放整齐后，喊来其他小朋友并向他们介绍："这个罐子是我和轩轩画的，看这圆形，你猜猜是什么？"……（图50～53）

图52　分组装饰罐子（三）

图53　装饰作品展览

涂鸦让幼儿为校园环境的美化出一份力，也成为幼儿参与幼儿园环境建设的重要方式。承担任务对于大班幼儿来说，具有挑战性和吸引力。当幼儿的作品成为装扮校园的艺术品时，幼儿充满了满满的自豪感和归属感。

小乐曲 大浸润

户外音乐区环境创设

无锡市爱尔艺术幼儿园 浦丹丽、郭 磊 撰写

XIAO YUE QU DA JIN RUN

3～6岁是幼儿音乐能力发展的关键期和敏感期，幼儿园应发挥音乐教育的作用，促进幼儿全面和谐发展。《3～6岁儿童学习与发展指南》提出：应为幼儿提供健康、丰富的生活和活动环境，满足他们多方面发展的需要。在教学实践中，集体音乐教学活动已不能满足幼儿的个性化发展，创设音乐区显得尤为重要。《幼儿园教育指导纲要》指出：环境是重要的教育资源，应通过环境的创设和利用有效促进幼儿的发展。创设户外音乐区不失为一个很好的尝试，因为户外空间宽敞、明亮，为幼儿提供了独特的音乐环境，既可以减少其他游戏区的干扰，又可以为幼儿提供自由移动的巨大空间。在户外音乐区游戏，幼儿能更加自然、愉悦地感知和表现音乐。

一、满足儿童需要的音乐区区域划分

户外音乐区的空间布局要遵循合理规划、因地制宜、以幼儿为本的原则。在创设时要考虑以下几个方面的因素：首先，区域内光线要明亮；其次，区域能够容纳足够的幼儿，便于幼儿自由移动；第三，区域风格要协调统一，具有艺术氛围。

根据幼儿游戏的需要，在空间划分上户外音乐区大致分为三个区域：

1 音乐感知区

提供固定的大型乐器、各类小乐器和各种低结构材料供幼儿进行天马行空的音乐创作，提供播放器和小音响供幼儿坐在栈道边、大树下安静地欣赏音乐。（图1～2）

图1　音乐感知区（一）

图2　音乐感知区（二）

2 音乐表演区

表演区以小舞台为中心，延伸到附近的石头小路，给幼儿提供一个表现、表演音乐的开阔空间。（图3）

图3　用于表演的小舞台

③ 音乐准备区

在服装架旁设置一个小帐篷，便于幼儿为表演选择和搭配简单的服饰和道具。宽阔的栈道和木质画架供幼儿进行游戏前的讨论，包括演出计划、角色的选择与分配及曲目的排练等。（图4～5）

图4　更衣小帐篷

图5　排练步道

二、支持儿童操作的音乐区资源准备

户外音乐区汇集了大自然的声音，幼儿在其中能够自由移动。在这个独特的音乐环境中，教师还需要为幼儿提供“有准备的环境”和“可操作的材料”，让幼儿和音乐区材料良好互动，获得自我发展。

幼儿园可以添置适宜幼儿游戏的大型成品乐器，投放一些原生态的可发声材料，打造音乐花园，从而将音乐渗透到户外的各个角落。幼儿园还可以利用户外的自然声音，如风声、鸟叫声、树叶声、树上的铃铛声等，激发幼儿的游戏兴趣。

1 乐器：大型乐器——乐拍鼓、合奏琴、乐风琴、小乐器。（图6～9）

图6　乐拍鼓

图7　合奏琴

图8　乐风琴

图9　自制小乐器

2 原生态自然材料：石头、树枝、树叶、稻穗等。（图10～11）

图10　石头等自然材料

图11　便于幼儿操作的其他自然材料

3 道具和服饰：头饰、服饰、纱巾、帽子、丝带等。（图12）

4 音乐图书和电子产品：播放音乐所需要的播放器、小音响、平板电脑，及供幼儿使用的绘本图书、音乐剧本、音乐图谱等。（图13）

图12　表演服饰

图13　图谱、剧本

三、适合儿童参与的音乐区内容选择

在户外音乐区中，幼儿可以进行自主的音乐活动，根据自己的兴趣和需求选择音乐内容，用歌唱、律动、乐器演奏、戏剧表演等方式进行自由的艺术表达。

1 歌唱表演

幼儿喜欢唱唱跳跳，歌唱表演是幼儿在户外音乐区中喜爱的表演形式之一，幼儿在歌唱表演中常用歌唱作为表现方式，也会在演唱的过程中辅以简单、形象的动作、姿态等，有时还能加入小乐器伴奏。

案例：歌唱“春天来了”（小班）

播放器中《春天来了》的前奏响起。畅畅和伊伊走到舞台中间准备表演，宁宁和阿普站在旁边当观众。

唱到“来呀看呀，杨柳条变绿了”时，畅畅用两个食指在头的上方左右挥舞；

唱到“来呀看呀，花儿已开了”，伊伊张开双臂做开花动作。听着熟悉的歌声，旁边的宁宁也拿起话筒跟着哼唱起来，阿普则拿起铃鼓随音乐拍打起来。(图14)

突然畅畅发现了地上的一根树枝，便拿起枝条轻轻挥动着，接着唱“杨柳条变绿了”。最后在唱到“大家都欢迎春天来了”时，伊伊围着畅畅上下挥动手臂飞舞起来。(图15)

图14　用食指做柳条左右挥舞

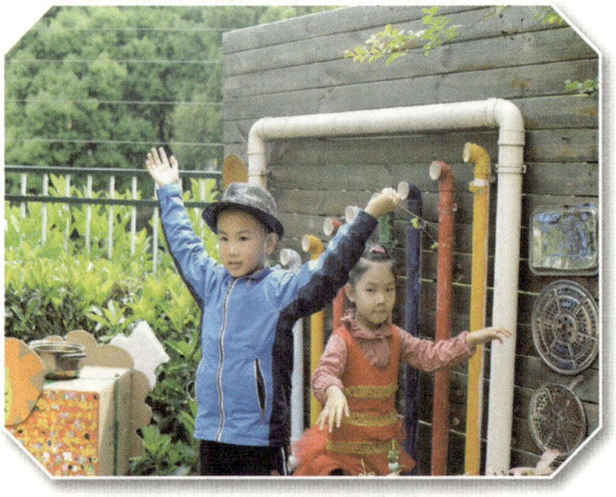

图15　用树枝代替柳条挥舞

2 戏剧表演

幼儿戏剧表演是以儿童文学故事改编成的故事剧本为原型，由幼儿进行表演的一种游戏形式。它是通过幼儿扮演儿童文学作品中的角色，运用一定的表演技能(言语、动作、手势)、道具、场景等，再现儿童文学作品的内容(或某一个片段)的表演形式。

幼儿喜欢观看文艺演出，更乐意进行戏剧表演。因此，教师可以鼓励幼儿通过自己的表演再现学过的绘本、童话故事等内容，让他们学会在表演前讨论角色分工，在表演时按情节扮演自己的角色，说台词、做动作及进行音乐演绎。

案例：童话剧“三只小猪”(中班)

表演前，“三只小猪”和“大灰狼”到准备区穿戴表演服饰。“我是凶猛的大灰狼！”小阚戴上头饰说。小羽拿着小白猪的衣服却不会穿。“我来帮你穿。”小阚上前帮忙(图16～17)。

音乐开始，“小猪”开始造房子。小阚扮演“大灰狼”躲在“大树”(树丛)后面。“砌块砖、加快砖，房子盖得真正高……抹呀抹，抹呀抹，四面已抹好。”小羽、媛媛和含含一边唱着《盖房子》，一边用手做逐层加高、抹墙等动作。她们还找来树叶、稻草装饰屋子(纸箱)的四周。“房子盖好了，我们来煮点好吃的吧！”媛媛提议。三人又找来树叶做炒饭，拿出自制沙锤当调料罐往里撒调料。“看，饭

里放点花会很香。”含含往锅里放了一把小野花。(图18～21)

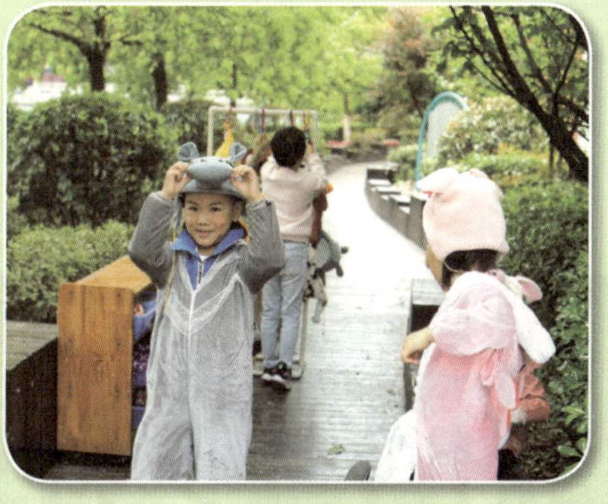

图 16 主动穿戴表演服饰

图 17 帮助同伴穿表演服饰

图 18 大灰狼躲在大树后面

图 19 “三只小猪”盖房子

图 20 找树叶做炒饭

图 21 往锅里放野花

"大灰狼"出场了，小阚把两只手放在胸前做出抓的动作，走到小猪跟前说："我要吃了你！"说着笑场了。媛媛说："大灰狼是很凶的，不可以笑。"（图22～23）

"大灰狼"再次出场，高举双手，身体前倾，扑向小猪，张大嘴巴恶狠狠地说："我要吃了你！"小猪向一旁闪躲。（图24）

图22 大灰狼出场

图23 大灰狼要抓小猪

图24 大灰狼再次扑向小猪

③ 打击乐演奏

打击乐演奏包括节奏练习、节奏乐器演奏，游戏中幼儿会运用一种或多种乐器伴随歌曲进行有节奏的演奏。户外音乐区的大型乐器给了幼儿更多音乐创作的机会与可能，他们喜欢利用乐器和图谱进行声音探索和节奏探索活动。生活中的盘子、石头是他们节奏探索的工具，拍手、跺脚也成为他们表达节奏的方式。

案例：打击乐"小星星"（大班）

男孩站在柜子前摸了一下铃鼓，然后看到旁边有鼓槌，他拿起来敲了两下铃鼓，发出的声音比较轻。接着，他拿鼓槌连敲三下摇铃上的铃铛，但没有响，又用双手拍打乐拍鼓，发出了声音，于是，他随意拍打起来。这时《小星星》音乐响起，女孩马上跟着音乐节奏敲击三角铁，一拍一下。（图25）

男孩看看同伴，敲起彩色琴。他用木棒随意乱敲琴键，女孩说："太吵啦，你先把木棒给我。"女孩看着图谱边敲琴键边说："蓝蓝黄黄红红黄。"男孩说："太快啦，太快啦。"第二次，女孩放慢了速度，边敲琴键边哼唱"一闪一闪亮晶晶"。她敲完转身问同伴："这一次可以吗？"男孩点点头。两名幼儿开心地敲击着琴键，

在图谱的提示和同伴的帮助下，能自主学习打击乐演奏，尝试演奏学过的简单歌曲。(图26)

图 25　自由探索

图 26　看谱敲击

四、支持音乐区活动开展的有效策略

1 支持幼儿在音乐游戏中的主动探索

在户外音乐区活动中，教师应注重激发幼儿的学习兴趣、探索意识，因此，教师要着力给幼儿创设一种可选择的多元环境，提供自由选择与独立创作的机会，帮助幼儿积累和扩展感性经验，在自主活动的基础上，激发幼儿主动学习的热情，充分发挥其想象力与创造力。幼儿可以利用户外区域中的天然材料，丰富户外音乐游戏区，如：花、泥土、树叶、树枝等。教师也可以提供低结构操作材料，丰富游戏情节，如提供幼儿可选择或搭配的简单的服饰、道具或布景。比如根据角色选择相应的服装和道具，女孩会选择一些自己喜欢的头饰或裙子，男孩子会选择铃鼓、三角铁等小乐器。为了更好发挥游戏材料的教育作用，教师还应在活动过程中启发幼儿扩充和改造材料。

案例：我的表演我做主(大班)

区域游戏开始，小俞、小陆、晗晗和妹妹按“计划”进入表演区，各自选择道具。小俞说：“我要当小鸭子。”“我要当小鸟。”晗晗说着穿上了一条亮片裙。小陆拿出了小乐器。

小俞提议要画个节目单，可是他不会。小陆说：“我会。”他拿出一张小便签和一支记号笔，先画下了一只小青蛙，并在画好的“鸭子”前面添上一个“1”。两个女孩在准备区练习小鸟飞舞的动作。小陆又拿起桌上的纸条卷起来，粘贴成一个环形，然后拿三根羽毛粘在圆环上，做了个小鸟头饰。他把小鸟头饰戴在了晗晗的头上，说："戴上这个，就可以表演第二个节目《两只小鸟》了。"节目单和道具制作完成，男孩加入表演的团队，男孩子唱歌词，女孩子跳舞，最后再一起合唱。（图27～30）

图27 画节目单

图28 表演"两只小鸟"

图29 制作小鸟头饰

图30 给同伴戴上头饰

2 理解幼儿在音乐游戏中的表现和创造

幼儿独特的笔触、动作和语言往往蕴含着丰富的想象和情感，成人应对幼儿的艺术表现给予充分的理解和尊重。因此，幼儿游戏时，教师还应努力扮演好欣赏者这一角色，帮助幼儿发现问题并解决问题，提升幼儿的游戏经验。在片段观察中可以发现，沁颐小朋友其实对音乐表演有着强烈的愿望，而且从她用小手在腿旁边打出的微小节奏来看，其节奏感很强。教师要做的就是有效地激发她的表演欲望，化解她的心理压力，挖掘其音乐潜能。

案例：展现你的美（大班）

活动一开始，熙熙、沁颐等几个小朋友来到了音乐区挑选自己喜欢的衣服。熙熙找出了一个有紫色小帽子的头箍，沁颐找了一件绿裙子，请老师帮忙穿好了。熙熙说："我们来表演小跳蛙吧！""好的。"其他幼儿应和着。"那你来唱歌吧！"熙熙一边说一边把沁颐推到了话筒的前面，自己拉着其他的小朋友开始选择乐器。（图31）

音乐响起，沁颐的手在腿的两侧小幅度地动着，嘴巴随着音乐微微张开，却没有声音。演奏乐器的幼儿很卖力地打着节奏，不时地说："声音可以大一点。""加点动作嘛！"（图32）

音乐结束后，幼儿放下手中的乐器，准备下一个节目。教师："我发现了一个问题，不知道你们发现了没有？我发现沁颐太害羞了。"小悦说："对！她没有大胆

图31　被推上台的沁颐

图32　同伴提示"声音大一点"

图33　集体讨论解决问题

图34　合作表演唱跳

表演。”教师:“那我们应该怎样帮助她呢?”“我知道!”熙熙说:“请几个小朋友来帮助她,一起跳不就可以了嘛!”“好办法!”小悦接着说。(图33)

熙熙开始忙碌着安排队形,沁颐站在了最前面,熙熙跟其他小朋友站在了后面。音乐开始,几个小朋友随着音乐开始表演,慢慢地沁颐的动作也开始大胆起来,大家也能听到她的歌声了。一段音乐结束后,掌声响起,她的表演得到了同伴们的肯定。(图34)

3 关注幼儿游戏与生活的连接点

表演源于生活,把表演与幼儿的实际生活联系起来,通过对已有知识经验的回忆,帮助幼儿接受故事、理解作品。幼儿通过将故事和日常生活连接,学会用艺术的眼光感受生活,用艺术化的方式表现生活。而幼儿园生活的情境化可以让幼儿随时置身于“生活化”的情境表演之中,如:把黄色的树叶当作入场券;把不同颜色的敲击管与各种水果相联系。它可以提高幼儿的理解能力和分析能力,鼓励幼儿敢于尝试,大大增强幼儿的独立性、自信心。

案例: 一次完美的演出(大班)

表演区的幼儿根据计划拿好材料,摆好道具,穿好服装,戴好面具,游戏开始啦!

昨天刚下过雨,锅里装满了水,娜娜拿起铲子往音乐瓶子里灌水,她瞄准瓶口,小心地倒水,可水还是会漏出来。装好水,娜娜走到彩色管子旁,一根根敲击,她边敲边看着颜色说:“红色苹果味,橙色橙子味,蓝色葡萄味,绿色青草味。”颜色一个都没说错。我问:“这些是什么?”“我觉得观众来了也许会口渴,这些是饮料。”(图35~36)

娜娜跑到娃娃家,对娃娃家的小伙伴说:“我们小舞台8点会有演出,你们可以来看哦。”哆哆来到娜娜身边,对她说:“我想看演出。”娜娜从路边捡了黄色的树叶,递给哆哆说:“给,这是票,要带着票来看演出。”娜娜说:“演出时间到了。”她边说边从哆哆手里拿过“票”,撕成两半,把一半握在自己手里,一半递给哆哆。哆哆拿着“票”走向看台,主持人开始报幕。报幕结束,小演员们欢快地上台,在舞台上表演《小兔子乖乖》,他们边唱边转圈。(图37~39)

图 35　用铲子倒水

图 36　敲击彩色水管

图 37　邀请同伴看演出

图 38　给同伴发放树叶演出票

图 39　撕树叶检票

4 分享幼儿在游戏中的惊喜

音乐区活动中，教师应给予幼儿适当的指导，如：游戏中，提供简明易懂的图谱，为他们的表演服务，让他们有章可循；游戏结束，和全体幼儿共同评价游戏过程，给予积极的鼓励，在讨论中激发幼儿下次游戏的愿望。

案例：合作表演（中班）

小陆和吉吉在音乐区里开始表演《木瓜恰恰恰》，他们分别选择乐拍鼓和自制锣敲打着，两个女孩曦曦和羽涵则穿着裙子随意跳着。“打击乐器的人一般在哪儿表演呢？”教师问。小陆挠了挠头，“呃……舞台上。”“曦曦、涵涵，快过来！”小陆边说边向两个女孩子招手："你们应该在我们旁边表演！"

音乐再次响起，4人开始合作演奏。男孩看着图谱击打着手中的乐器，女孩则随着音乐舞动，还不时模仿对方的动作。(图40)

游戏结束时，教师问："谁愿意和大家分享今天的游戏？说说你和谁一起玩，有趣吗？"小陆举手回答："我今天和吉吉、曦曦、涵涵一起在音乐区玩得很开心，我们表演了《木瓜恰恰恰》。"

四人走到台前表演给大家看。

教师提问："他们表演得怎么样？"琪琪说："小陆的节奏敲得很好，一拍一下。"

"有的用乐器演奏，有的跳舞。"煊煊说。茜茜补充道："小陆用手拍的，吉吉用棒敲，还有曦曦和涵涵跳舞跳得很好。"(图41)

图40　合作演奏

图41　游戏后小组评价

集体活动中，幼儿欣赏了歌曲《木瓜恰恰恰》后意犹未尽，于是，他们将游戏继续延伸到音乐区中。游戏中，幼儿能够按照自己的意愿选择适合演奏的小乐器、乐拍鼓和自制的锣。但起初，男孩子只是单纯地敲打手中的乐器，享受敲打乐器带来的新鲜感；女孩子则随意地舞动花球，感受自由律动的快乐，相互之间没有配合，时间长了也就失去了兴趣。在教师指导下，几个孩子能按照图谱的节奏随音乐进行打击乐的表演，配合得也较好。评价时，教师请孩子再次完整表演，表演结束后，全体幼儿不仅给予表演者赞扬，还积极参与讨论和总结，为下次活动做好铺垫。

我们认同这样的观念，即儿童的生活离不开音乐，我们应当用音乐来丰富儿童的生活。因此，我们努力为幼儿打造具有情景化、吸引力和开放性的户外音乐区，为幼儿提供良好的音乐氛围，让幼儿放耳倾听世界，感受不同的声音，丰富其对声音的各种感性认识，从而让他们在充满音乐的环境中自主、自由地进行快乐的音乐表达。

小装扮　大社会

——户外扮演区环境创设

无锡市滨湖区育秀实验幼儿园　王翠萍
无锡市育红实验幼儿园　王　瑜
撰写

XIAO ZHUANG BAN　DA SHE HUI

户外扮演区是幼儿最能自由表达意愿和发挥想象力、创造力的活动区域。幼儿在户外扮演区中可以表达意愿、展示能力，充分体现自己的天性和潜力，能综合运用已有知识、经验，创造性地进行游戏活动。实践中，教师根据幼儿的兴趣和需要，巧妙利用幼儿园户外的操场、种植园地、树林、沙池、小山坡等场地创设户外扮演区，让幼儿能在更宽广的环境中自主选择游戏材料和游戏伙伴来开展一系列与他们生活有关的游戏活动。户外扮演游戏将幼儿园的户外生态环境与角色游戏结合在一起，不仅充分利用了户外资源的教育价值，而且赋予了户外扮演游戏以灵性和生机，有效地将自然、游戏和儿童的生命融合在一起。

一、满足儿童需要的扮演区区域划分

户外扮演区是以幼儿的兴趣和已有经验为基础，通过各种开放性材料的投放，为幼儿提供自我表现与表达以及参与各种创造性活动的机会。根据幼儿的需要、规划及游戏情况，我们将户外扮演区具体划分为三个区域。

1 放置材料的储存区

放置各种幼儿户外扮演区材料的架子、箱子及相关低结构材料，供幼儿自主选择。(图1～2)

图 1　幼儿游戏材料的储存区（一）

图 2　幼儿游戏材料的储存区（二）

2 自主创造的游戏区

提供较大的游戏场地，场地可以是操场，也可以是幼儿园的小树林、小山坡等户外游戏场所，幼儿可把选择好的游戏材料放置到户外游戏区中，根据自己和同伴的游戏计划发挥想象力进行游戏创造活动。(图3～4)

图3　幼儿的游戏创造区（一）

图4　幼儿的游戏创造区（二）

3 游戏分享的讨论区

游戏结束后，不同的幼儿会有不同的游戏感受。可在户外游戏创造区旁边创设一个游戏分享讨论区，如：在幼儿园的小长廊，为幼儿提供结实的小方桌、一些纸和笔，方便幼儿游戏后记录下自己的感受并和周围同伴分享。(图5～6)

图5　幼儿的游戏分享区（一）

图6　幼儿的游戏分享区（二）

二、支持儿童操作的扮演区资源准备

材料是幼儿在游戏中主动建构经验和认识周围世界的中介和桥梁。户外扮演区的材料可根据幼儿游戏的需要不断进行丰富和累积。过程中，鼓励幼儿、家长一起参与到幼儿园户外扮演区环境的创设和材料的收集工作中。户外扮演区的材料因时因地因需而不同，可以根据幼儿园游戏库内现有资源和幼儿的兴趣灵活使用。

1 自然类材料：树叶、树枝、石头、柳条、竹子、沙子等自然界里获得的原始材料。（图7～8）

图7 树叶

图8 树枝

2 烹饪类材料：锅、碗、炉子、铲子、碗、叉子等材料。（图9～10）

图9 锅

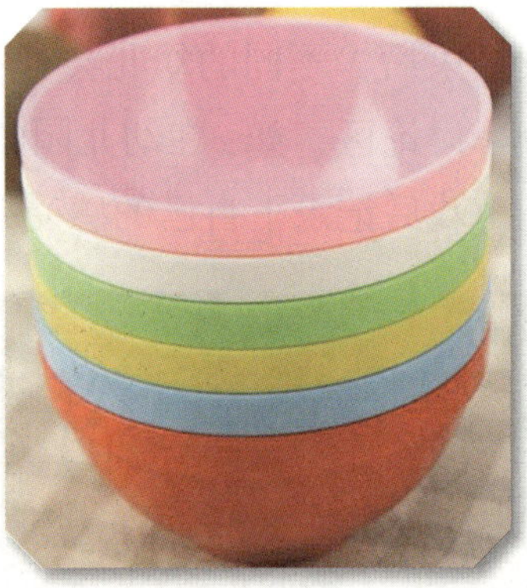

图10 碗

3 交通类材料：供幼儿进行骑行或驾驶的交通线路、三轮车、玩具小汽车、停车场、交警服饰等材料。（图11～12）

4 生活类材料：电话、洗发水、澡盆、婴儿推车等材料。（图13～14）

5 辅助类材料：对户外扮演游戏起辅助作用，能够使游戏活动更丰富的材料。

6 道具类材料：小衣服、裤子、裙子、丝巾、墨镜、伞、竹篮等材料。（图15～16）

图 11　警察服饰、帽子

图 12　停车场、三轮车、玩具小车

图 13　电话

图 14　手推车

图 15　竹篮

图 16　墨镜

三、适合儿童参与的扮演区内容选择

《3～6岁儿童学习与发展指南》指出：支持幼儿在接触自然、生活事物和现象中积累有益的直接经验和感性认识。户外扮演区的游戏内容来源于幼儿的实际生活。教师依据幼儿的游戏兴趣，为幼儿创设和准备适宜的户外游戏环境，满足幼儿自由、自主、愉悦、创造的游戏需要，并支持幼儿在游戏中全面发展。

1 生活类扮演游戏

生活类扮演游戏是指幼儿在户外通过角色扮演，创造性地反映个人生活经验的一种游戏。扮演游戏是幼儿对现实生活的反映，因此在户外扮演游戏中，现实生活类的游戏是最常出现的游戏主题类型。幼儿所扮演的角色、所选择的主题和情节主要来自他们熟悉的日常生活中的人物和事件。

案例：娃娃的新衣（小班）

在户外野餐的过程中，一一把娃娃从家里抱出来。“娃娃身上没有衣服啊，如果出来了，光着身子，要生病的哦！怎么办呢？”嘻嘻提出了问题。“不能再用毯子，而是要给娃娃找件合适的衣服穿。这个衣服还要和娃娃的大小匹配。”然然提出了自己的解决方案，并跑到了材料区里面的服装库，开始给娃娃找合适的衣服。瞧，他找来了一件粉色的小背心。然然把衣服交给了柔柔。柔柔拿到了小衣服，开始边安慰边给娃娃穿衣服：“娃娃，别紧张，先放松手臂，从这个洞口穿过去，然后再伸另外一只手……”瞧，在幼儿的合作下，原来光溜溜的娃娃穿上了合适的衣服，娃娃可以和小伙伴们一起沐浴在温暖的阳光中，一起游戏啦！（图17～18）

图 17　带娃娃晒太阳

图 18　给娃娃穿衣服

2 角色体验类扮演游戏

角色体验类扮演游戏，是指以模仿和想象为游戏特征，幼儿通过角色扮演来创造性地反映现实生活的游戏。传统的室内扮演游戏中，幼儿的角色常常因场地、材料等因素，局限于爸爸、妈妈、娃娃、医生、店员等角色，无法创意转换和体验生活中的各种角色。户外扮演游戏可以满足幼儿的各种创意想象，并能依据他们的想象来进行所需的各种角色扮演。幼儿在扮演中可以累积一定的知识、经验。

案例：尽职的小交警（中班）

新学期开始，幼儿园的院子里热闹了起来。幼儿到车库里面自主选择了三轮车、小汽车、滑板车，开始了骑车游戏。很多幼儿都被吸引到了这个新开设的骑车区中。这时，问题出现了：马路上的车子越来越多，行人也越来越多，而且马路中车子与车子经常会发生碰撞事故。（图19～20）

现实生活中出现了交通堵塞，该找谁呢？找交警啊！于是，幼儿请来了小交警，请他们来管理交通。瞧，小交警来了以后，立马开始了“交通整治”，如：利用手势指挥马路；把无人驾驶的“僵尸车”拖走；指挥马路上的车子按照车道和规则有序行驶。（图21～22）

图19　马路上有车子逆行

图20　马路中行人和机动车混在一起

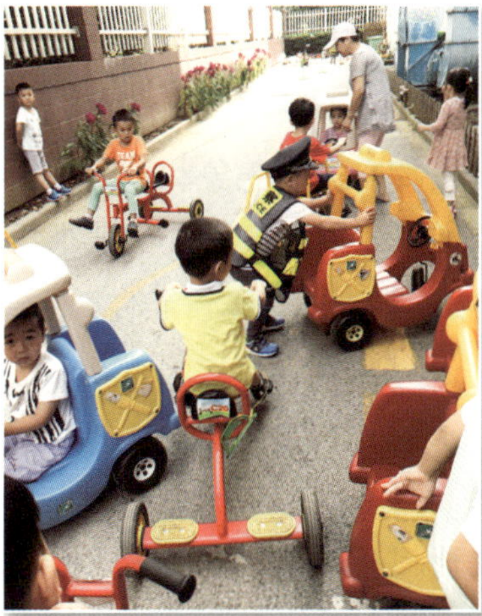
图21　小交警拖走僵尸车

图22　小交警用手势指挥交通

3 创意想象类扮演游戏

创意想象类扮演游戏，指幼儿结合自己的生活经验及想象，充分利用幼儿园的各种材料、场地等资源，以物代物，创造性地开展各种趣味想象游戏。在户外活动场地上进行的创意想象类扮演游戏，有利于幼儿早期的社会交往、情感表达、语言表达和创意想象等能力的发展。

案例：口红店（中班）

月月来到户外，在大树下捡起了地上的树叶，她一边捡一边说："红红的，好漂亮。"月月捡了一把树叶，拿到了大型玩具的平台上，她蹲下来把树叶一片一片排起来。这时候，兰兰来了，她也蹲下来和月月一起排树叶，她们将树叶排成了一个圆形。月月对兰兰说："我这里是口红店，公主口红店，我的店里有蓝莓味的、草莓味的，还有蜜橘味的口红，你要哪一种？"兰兰说："我要买一个草莓味的口红。"（图23～24）

图23　捡树叶

图24　口红店

4 艺术创造类扮演游戏

艺术创造类扮演游戏，是指幼儿在游戏中发挥自己的想象和创意，进行故事表演和歌舞表演的游戏。经常开展艺术创造类扮演游戏，能提高幼儿的艺术素养、审美能力，能促进幼儿再造想象能力的发挥，增强幼儿的表现力，有利于幼儿自信、合作、创造等学习品质的发展。

案例：我们的露天剧场（大班）

一支神秘的排练小分队，在排练了一段时间后，她们决定要正式演出。演出的地方选择在哪？经过商量，她们铺设了地垫作为演出场地。演出正式开始啦！

首先，所有的演出人员给观众们来了一个集体亮相。随后，队员们带来了各自的表演，有的带来了才艺秀“金鸡独立”，有的带来了表演唱“花仙子”，有的带来了歌舞表演……表演一段时间后，嘉嘉提议道：“有的小伙伴不在我们这个区域，看不到我们的表演。我们边走边演，就会有更多的人看到我们的表演啦！”于是，她们走出了固定的露天剧场，开始了流动的大篷车式表演。他们来到了涂鸦区，来到运动区，来到了养殖区，为其他的小伙伴们表演……（图25～26）

图25 小演员亮相

图26 表演“金鸡独立”

四、支持扮演区活动开展的有效策略

1 问题式互动

学龄前儿童通常会回忆起他们最近做的事，因为这在他们头脑中的印象最为清晰。户外扮演游戏中的分享与交流尤为重要，不少幼儿会在回顾的过程中发现游戏中出现的一些问题，并通过与周围同伴、老师进行讨论，探寻到问题的解决方案。

案例：野外露营（中班）

这次幼儿提出他们要到周围的公园里面游戏。那宝宝如何一起去？他们从材料库里面找到手推车，推着宝宝到公园去散步。到了野外，他们把宝宝抱起来，想让宝宝看看不一样的小树林。他们环顾四周，发现了一个长凳。于是，他们把宝宝放到了小长凳上面开始休息。这时，他们突然有了一个新的想法——野营。要野营，光有推车和长凳可不行，还需要有一些其他的准备。（图27～28）

问题讨论：

教师：户外野营前我们需要准备哪些东西呢？

图27　用小推车带宝宝去小树林

图28　把娃娃放在长凳上晒太阳

一一：要有垫子，我们要休息。
然然：要有食物，我们要能量。
安安：需要帐篷，这样不管晴天，还是下雨，都没事。
老师：想一想哪些我们已经有了，哪些我们没有呢？
一一：食物、灶台、地垫我们有了，帐篷我们还没有！
老师：哪里有帐篷呢？
琪琪：阅读室里面有几个帐篷，我们可以借用一下！

图29　到户外帐篷里野营

图30　在帐篷里准备食材

幼儿在你一言、我一语的讨论中不仅找到了问题和问题的解决方案，而且也在解决问题的过程中，拓展了游戏范围，空间上从原先的操场到了资源更为丰富的小树林，而且游戏的内容也从原先简单的烧饭、照顾娃娃拓展到了户外野营。（图29～30）

2　推进式互动

情节是户外扮演游戏的生命。没有情节的游戏就像戴了一顶扮演游戏的空帽子，不能真正体现扮演游戏的价值。有智慧的教师就会观察幼儿，给予幼儿时间、空间去发现问题、解决问题，并在过程中推进游戏情节的发展。

案例：违章了，怎么办？（大班）

小交警叫停一辆三轮车：“停下来，接受处罚。”一辆快速骑行的车子慢慢停下来，车后站着的两个人也下来了。“扣留车辆，司机和乘客跟我去交警大队等候处理。”小交警带着他们来到路边，继续说：“你们一辆车载三个人，属于严重的超载行为，而且速度还这么快，很容易引起交通事故，害人害己啊！”这时一旁的司机辩解道：“是他们让我开快的，本来我是慢慢开的。”小交警立马严肃地说：“谁说也不可以，在马路上驾驶，最多40码，而且三轮车不许载人。暂扣你们的车子，你们现在回去学习交通法规，考试合格后才能再次驾驶车子！”（图31～34）

图31　小交警在路上巡逻

图32　小交警发现路面有超载行为

图33　把违章人员带回交警大队

图34　对违章人员进行安全教育

游戏结束后，教师和幼儿一起回顾了这段游戏。教师在总结中肯定了小交警的责任意识和严格执法的行为，并和幼儿一起讨论：游戏中可能还会有哪些违法违规行为？作为交警如何尽职尽责呢？幼儿议论纷纷，有的说，行人和车辆混行，会出交通事故，有的说，酒驾是很危险的行为……

图35　小交警在墙上设置警示标识

图36　小交警提醒司机慢速通过

游戏继续。教师观察发现有一位小交警拿出一块警示牌贴在了墙面上，教师问小交警："牛牛交警，你为什么要把这个牌子贴到墙上？"小交警牛牛回答："提醒司机注意，路上有行人，要他们减速啊！"教师立即回应道："这个想法很棒哦！"教师肯定了牛牛的想法，小交警们又在各个路口设置小心行人、前方有危险、注意转弯等警示标志。(图35～36)

为进一步保证路面的交通安全，小交警牛牛还在路口设置了路障，并用一个塑料圆圈代替酒精测试仪来测试来往司机是否有酒驾行为。每过来一辆车，牛牛首先认真地向司机敬礼，然后请司机对着酒精测试仪进行吹气，并进行酒精的检测实验。检测过程中，牛牛发现驾驶员斌斌有酒驾的行为。于是，交警牛牛扣留了斌斌的车子，并把斌斌带回交警大队进行安全教育。(图37～40)

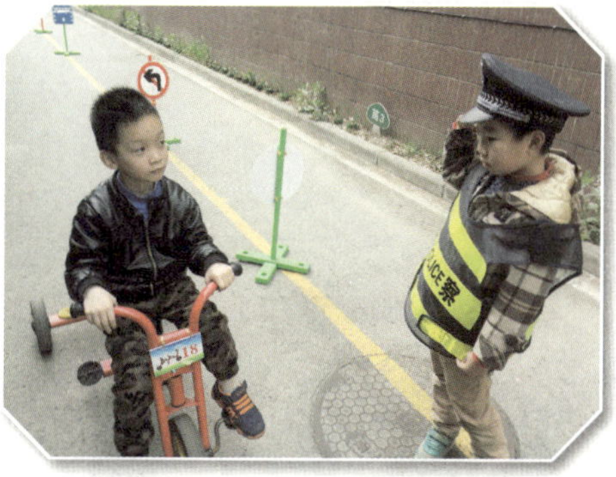

图37 小交警拦下司机并敬礼

图38 小交警给司机进行酒精测试

图39 把车子拖回车库

图40 对司机进行安全教育

在情节推进的过程中，会出现许多充满教育意义的事件：一是经验的迁移，幼儿能在游戏过程中把生活中处理“酒驾”“超速”等行为迁移到游戏中；二是幼儿学会了形式替代，他们能赋予材料不同的象征意义和功能，如把玩具圆圈想象为酒精测试仪；三是培养幼儿的主体性和责任感，幼儿全身心地投入交警的角色扮演中，并在其中习得并实践了交警的交往和接待礼仪，如发现违章，首先给司机敬礼，再处理违法行为。

3 拓展式互动

幼儿每天都会有不同的经历，在这些经历中自然会有不同的经验。幼儿的经验通常是碎片化的，比较零散的。这就需要教师在户外扮演游戏中仔细观察幼儿的表现，并把幼儿的兴趣和经历记录下来，追随幼儿的兴趣，进一步深入拓展游戏。

案例： 神秘的火锅食材（中班）

户外野餐开始了，幼儿不亦乐乎地从材料区里拿出了锅、碗、瓢、盆等材料。“今天我们做点什么吃的呢？”然然问道。“做火锅吧！”嘻嘻回答道。于是，幼儿开始准备起了火锅的各种食材。他们从材料区里面取来了各种食材道具，有鱼、虾、肉圆……“火锅里面怎么可以没有蔬菜呢？”柔柔问道。在柔柔的提醒下，幼儿连忙跑到材料库里面去寻找适合放在火锅里面的蔬菜。幼儿翻了一圈也没有找到，这可怎么办呢？（图41～42）

图41　小伙伴寻找火锅食材

图42　小伙伴们把火锅食材放到锅里

“你们看，小树林里面有不少宝贝，有红红的山茶花，有绿绿的小草，还有一些有趣的小虫子……走，我们现在就去树林里找找看，说不定就可以找到火锅的食材啦。”嘻嘻建议道。

于是，幼儿开始到小树林里面去寻找各种“食材”。天一：“树叶的颜色是不一样的，有的绿色深一点，有的绿色浅一点。”梁圆：“嗯，树叶摸上去不一样，有的比较厚，有的比较薄。”教师：“你们观察得很仔细，树叶的颜色、质地有不同，叶子还有哪些不同呢？”幼儿在老师的启发下，开始一边收集树叶，一边发现树叶的不同。经过讨论与整理，幼儿获得有关树叶颜色、形状、结构等方面的科学经验。（图43～46）

图43　到小树林去寻找火锅食材

图44　发现火锅食材（叶子）的秘密

图45 发现叶子的厚薄不同

图46 发现叶子的形状不同

一段时间后，材料库中的“叶子”在幼儿的世界里不再局限于火锅食材。根据需要，叶子被拓展成各种相关联的美食，如：薄薄大大的叶片变成“抹茶蛋糕”，绿绿的针叶变成“蔬菜沙拉”，肥厚的圆形叶片变成“口香糖”……（图47～48）

图47 幼儿把树叶想象为抹茶蛋糕

图48 幼儿制作蔬菜沙拉等食材

一次户外游戏的时候，然然突然大声地说：“不好了，好多树叶枯死了！”教师拿起一片树叶说道：“的确，树叶干枯了，和前几天树叶比，这片怎么样？”然然回应：“干枯的树叶脆脆的，一碰就破了，感觉非常缺水。”这时一旁的好好说道：“树叶和我们小朋友一样，要多喝水。它一直不喝水，就死了。”好好说完后，就拿起浇水壶给幼儿园周围刚绽放的山茶花浇水。（图49～50）

图49　发现树叶放置一段时间后会干枯

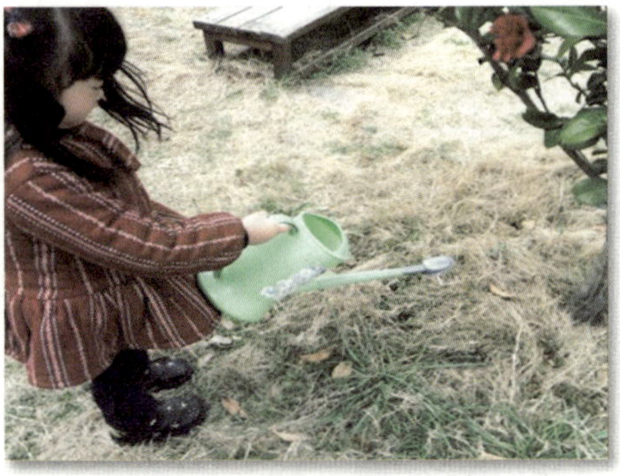

图50　用小水壶给山茶花浇水

幼儿在寻找食材的游戏中，通过实地观察、对比，发现了有关叶子的科学知识。而游戏中有关“叶子变枯黄”的认知也让幼儿在游戏过程中产生了同理心（生活中每个事物都有生命，要爱护周围的动植物），与周围的世界建立联系，有利于幼儿形成对生命的敬畏。

4　挑战式互动

在户外扮演游戏中，教师需要关注幼儿在游戏中即时生成的兴趣，并能帮助幼儿持续探究这些感兴趣的问题，帮助他们累积经验，并将这些经验内化，助推幼儿游戏能力的提升。

案例：从酒店到度假村（大班）

思思、诗诗、馨馨和芯芯计划在户外玩“酒店”游戏。他们用铝塑格组合、围合，建好带有一个厨房和三个房间的“酒店”。这时住客提出房间没有电话，不能打电话给前台的问题，于是，思思、诗诗找来水管尝试自制电话。游戏中，顾客又提出酒店需要有洗浴和休闲区。于是，思思、诗诗又开始扩建酒店，在原先的酒店中分别隔出了一个供住客洗浴的浴室区和供住客娱乐的休闲区。为了方便入住的顾客熟悉酒店的路线，诗诗、馨馨还在酒店的地上用粉笔画出了入住引导线。（图51～55）

游戏分享环节，教师和幼儿一起回顾了游戏中遇到的问题以及解决问题的办法，教师还鼓励幼儿讨论了“酒店游戏还可以怎么玩”这个挑战性问题。

第二天，幼儿重新制订了计划书，为了解决客人较多的问题，他们决定扩建酒店。计划书上明确了人员的分工：学号13的幼儿为客厅、餐厅的服务人员；12号为大厅引导人员，负责旅客行李箱的转运；24号为酒店的厨师；7号为度假村的导游；30号为度假村游乐场的场主……计划书中还明确了游戏规则：不能在游戏场推人；不可以大声喧哗；需要排队进入游戏场活动……（图56）

制订好计划，幼儿开始了真正的“度假村”扩建。他们花费了较长的时间用铝

图51　计划书

图52　带有一个厨房和三个房间的“酒店”

图53　用水管自制电话

图54　用粉笔画出了酒店的入住引导线

图55　扩建的浴室区

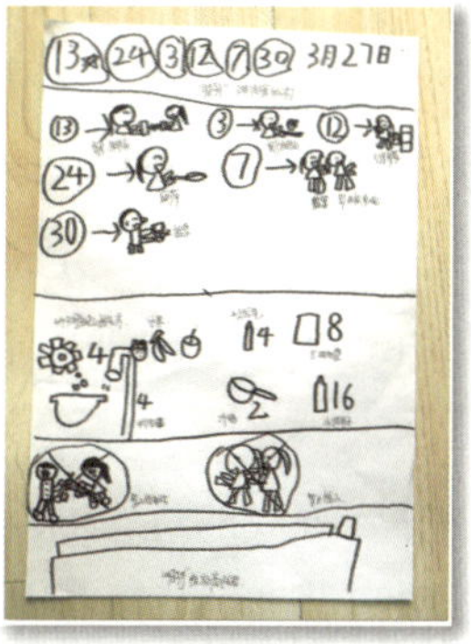

图56　第二次计划书

图 57　用铝塑格等低结构材料创造的“度假村”

塑格等低结构材料分别组合了度假村的前台、厨房、客房和游乐中心四个部分。空间布局清晰明了，功能区一看就懂。用交通锥和绳子围合形成“游乐园”、用喷壶充当淋浴器、用水管做电话、地垫做床、矮桶做炉子等，使得酒店的各类设施较为齐全。(图 57～58)

图 58　“度假村”游乐场的初步模型

本次游戏挑战发展了幼儿多方面的能力，如：统筹计划协调能力(两次计划书的制订)、逻辑空间能力(对度假村的整体空间布局)、社会角色意识(分工明确，各司其职)……游戏中，幼儿也具备了一定的社会规则意识，如不大声喧哗、排队入场等，这些规则意识可以表明幼儿有了协商、合作等宝贵的学习品质，有利于后期幼儿社会交往能力的提升。

随着户外扮演游戏的逐渐深入，幼儿也在自由、自主、愉悦、创造的环境中尽力发挥自己的想象和智慧，不断地挑战自我，获得新经验与新想法，然后在新经验与新想法中再次有新的创意、新的智慧和新的玩法。教师也在这个过程中，不断调整自己的教育观念，从原先的“预设为主”的游戏模式，逐步走向以“幼儿兴趣和经验”为基础不断生成的“幼儿在前，教师在后”的游戏模式。

小用具 大生活

户外生活区环境创设

江苏省扬中市新坝镇中心幼儿园 冷 慧 撰写

XIAO YONG JU DA SHENG HUO

《3～6岁儿童学习与发展指南》指出：幼儿喜欢接触大自然，对周围的很多事物和现象感兴趣。我们以此为支点，利用幼儿园的种植园地与户外场地创设生活区域，拉近幼儿和生活、大自然、土地之间的距离，让幼儿根据自己的兴趣需要，自由选择、自主开展、自发交流参与种植的管理以及开展一系列与农家生活、自然探究相关联的游戏活动，支持幼儿在接触自然现象和生活事物中积累有益的直接经验和感性认识，帮助幼儿建立与自然的联系，感受自然带来的喜悦、兴奋和奥秘。

一、满足儿童需要的生活区区域划分

生活区根据幼儿的设想、规划、游戏情况等分为四个区域：

1 放置和储存工具的材料区

有用来盛放和存储各种材料并便于幼儿取放的架子、柜子，上面有各种低结构材料供幼儿自由选择。（图1）

图1　盛放工具的材料架

2 自由塑造的开放性创造区

有足够大的场地，可供幼儿自由活动及操作，提供由桌子和用于存放工具的工具墙或柜子组成的操作区、操作台，可供幼儿自建厨具，进行烧烤、烹饪等。（图2）

图2　开放性的创造区

3 清洗材料的清洁区

设有高低错落的水龙头、长短不一的水管，方便幼儿操作的清洗台，供幼儿游戏过程中和游戏活动后清洗。（图3）

图3 用于清洗材料的清洁区

4 活动后分享区

根据幼儿的兴趣及要求创设了分享区，即用木板隔成一个三角房子或者是一块独立区域，给幼儿提供一张结实的小方桌，一些毛绒玩具、地垫和记录用的纸和笔，保证幼儿组织开展一些私密活动或进行活动后的分享时能够不被打扰。（图4）

图4 用于私密活动或分享的三角房子

二、支持儿童操作的生活区资源准备

生活区的材料因时因地因需而不同，鼓励就地取材，一物多用，可以根据现有资源和幼儿的兴趣需要灵活使用。

1 自然材料：树叶、树枝、石头、沙、贝壳、稻草、秸秆、竹子、芦柳、柳条、树皮等。（图5～12）

图5　分类摆放的自然材料

图6　树叶

图7　树枝

图8　石头

图9　贝壳

图10　柳条

图11　树皮

图12　芦柳

2 废旧材料：泡沫、各种瓶子、各类纸、纸板等。（图13～14）

图13　泡沫

图14　瓶子

3 生活食材：秋葵、黄瓜、豌豆、茄子、黄豆等。（图15～18）

图15　生活食材

图16　种植园采摘的秋葵

图17　种植园地的黄瓜

图18　种植园地的豌豆

4 辅助类材料：幼儿游戏时需要的各种辅助性工具和材料。如炊具、调味盒（包括油、盐、味精、糖、酱油、醋等。）（图19～20）

图19 炊具

图20 调味盒

5 厨具类：幼儿专用菜刀、篮子、盆、锅、锅铲、砧板、烧烤架、密封容器等。（图21～23）

图21 幼儿专用菜刀

图22 各种篮子

图23 游戏用盆

6 餐具类：碗、筷、碟子、盘子、杯子、调羹、刀叉等。（图24～26）

图24 塑料碗

图25 竹筷

图26 塑料碟子

7 其他材料：砖头、滴管、小玩偶、笔、纸、超轻黏土等。

户外生活区的工具材料以自然物和废旧材料、生活食材为主，既不会受天气影响，也不容易腐烂。要结合当地的资源和幼儿的兴趣，灵活选择和投放材料，还要根据幼儿的年龄特点和兴趣能力，逐步丰富与调整材料，不断支持幼儿的探索需求。

三、适合儿童参与的生活区内容选择

《3～6岁儿童学习与发展指南》指出：要培养幼儿喜欢接触大自然，对周围的很多事物和现象感兴趣的特点。生活区以动手为主，包括剥玉米、剥花生、做枣山、编麻绳、挑豆子等，材料从替代物转为真实物。通过创设适宜的环境，满足幼儿“返璞归真、回归自然”的喜好，以农村的人、事、物来熏陶幼儿，丰富幼儿的感性经验，培养幼儿乐于探索、乐于创造的精神，让幼儿萌发审美情趣，促进其全面、和谐、充分的发展。

1 自助烹饪

幼儿可以使用锅灶，或利用纸箱自建烤炉，也可以使用积木、树枝、竹条、麻绳、砖块等材料在生活区空地上搭建烧烤架。幼儿明确分工，分别担任操作工、烹饪师、服务员等，并学会相互协作。（图27～28）

图27　烹调“美食”中

图28　捣草泥做绿饼

操作工主要负责利用各类自然物、真实物制作各类食物，如做“串串”“糕点”等，他们可以变化“串串”上物体的规律获得排列组合的知识经验，可以在制作“糕点”中获得数概念、模式、与各类材料相关的知识与运用方法等，同时大大提升动手能力。

2 自建灶台

教师提供足够的砖块、锅、碗，供幼儿尝试自由搭建灶台。幼儿在寻找适宜的砖块、木料以及辅助材料的基础上，获得空间、方位、形状、材质等认知经验，并在自主寻找替代物及材料中获得建构能力的发展。（图29～30）

图29　用竹竿替代铁丝网

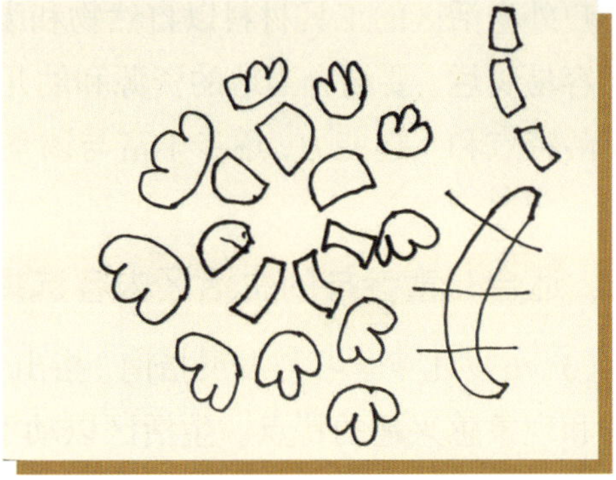

图30　将秋葵铺在烤炉的上下层

3 尝试腌制

幼儿可以穿上小围裙，选择制作材料和工具，如刨刀、塑料刀、砧板等工具，利用各种调料、容器等尝试开展制作腌黄瓜、腌萝卜等活动。教师鼓励幼儿进行跟踪观察、记录，在多次直接感知、实际操作中学习。（图31～32）

图31　帮萝卜去皮

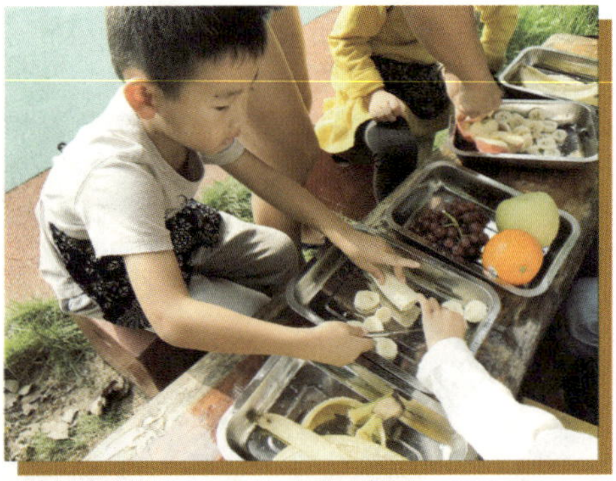

图32　翻晒萝卜

4 采摘野菜

准备采摘野菜的工具，人手一只装野菜的小篮、小铲或者小剪刀，学习正确使用小铲、小剪刀挖野菜的方法，体验劳动的辛劳和喜悦。（图33～36）

图33　挑野菜

图34　摘青菜

图35 剪马兰头

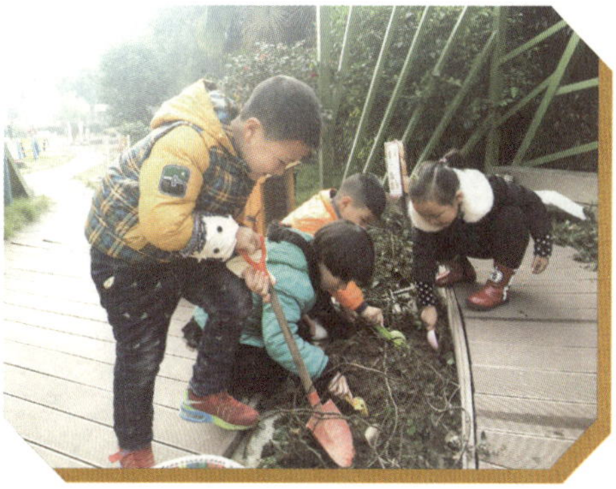
图36 挖山芋

5 蔬果拼盘

为幼儿提供替代材料，如超轻黏土、彩纸、剪刀、油画棒等，同时，提供真实材料，如青菜、黄瓜、西红柿等。幼儿自由选择伙伴，分组合作，可以参照图片制作水果拼盘，也可以自由创作。（图37）

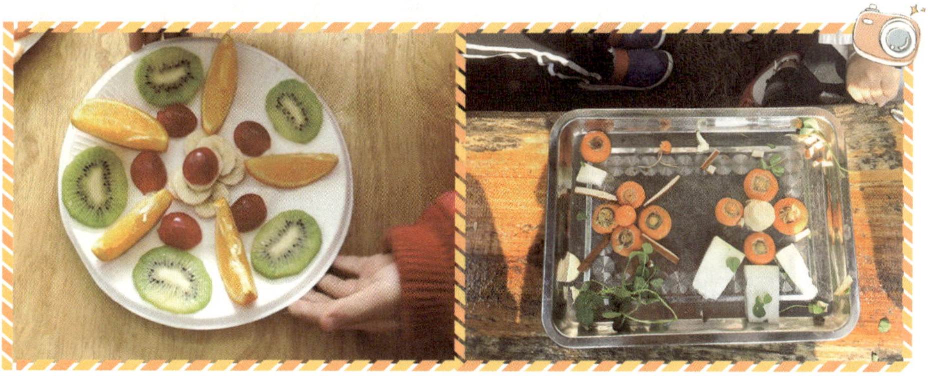
图37 幼儿创意作品

6 大型农家畅想

幼儿园设置了大片的农村自然环境，并提供锹、棍、树枝、铲子等各种工具，供幼儿在大自然中以小组的形式，采用堆砌、搭建等方式进行儿童本位的自主游戏活动。幼儿可在水井边打水，在小溪里抓虾，从栅栏边的桑树上随手摘几片桑叶喂养蚕宝宝。幼儿三三两两推起石磨磨出一股股白白的豆浆，浇一浇花草，摆出纺车摇一段段毛线，端起面粉做一个个月饼，芦叶飘香的时候包一包粽子，稻子收获的时候编一编草绳。他们可以利用树枝、枯草、石头、沙子、水、树叶、野菜等进行自主游戏。悠闲怡然的农家生活浓缩在我们的幼儿园里。（图38）

图38　快乐农家游戏

四、支持生活区活动开展的有效策略

1 激励式互动——语言催化

在师幼互动中，教师与幼儿可以使用语言进行互动，也可以使用非语言（动作）的形式互动。在农家坊活动中，教师可以采用“语言催化”的方式用自己生动、有趣、形象的语言来激发幼儿参与活动的兴趣。

案例：新坝烧饼（中班）

农家坊的“新坝烧饼”开业了，芳芳不停地用泥巴贴烧饼，“生意”还不错，但是通过观察可以看出，此时芳芳的动作只是一种无意识的机械动作，游戏情节并没有得到发展。这时教师就以顾客身份介入，问：“咦，这些烧饼形状怎么不一样，口味相同吗？”芳芳想了想说：“不一样的。”老师又问：“你能介绍一下吗？”芳芳指着不同形状的烧饼说：“长烧饼是咸的，圆烧饼是甜的……”老师听了很高兴地说：“哇，有这么多口味啊，真不错！”老师与芳芳的对话引来了很多“顾客”，他们都感到很新奇，争着来买不同口味的烧饼，新的游戏主题“多彩多味的新坝烧饼”便产生了。可见，老师适时的介入和语言的催化作用，不但丰富了游戏情节，也顺利推动游戏持续发展。(图39～40)

图39　贴烧饼

图40　多彩多味的新坝烧饼

中班幼儿因刚接触到一种新游戏，他们大部分都不太会进行合作，都喜欢在自己的世界探索，形成一种平行游戏的状态。所以就出现了案例中单一游戏的行为和无人问津的“烧饼铺子”。这时教师选择参与进去，和芳芳进行买卖游戏，在吸引其他幼儿的同时，丰富了游戏的趣味性。吸引幼儿参与后，教师又及时撤出游戏，并将游戏的主动权还给幼儿。

2 追随式互动——变换调整

在农家坊活动中，教师根据幼儿活动情况及时调整自己的应对策略，如：几名幼儿都要选择烹饪游戏，有的想拿灶台来贴烧饼，有的想拿灶台来烧火锅……可是只有一个灶台怎么办呢？他们发生了争执，导致原本有序的活动无法进行。此时教师顺势鼓励幼儿可以自己搭建一口合适的灶台，帮助幼儿解决问题，使游戏继续进行下去。

案例：怎样搭灶（中班）

怎样才能搭一个灶呢？幼儿展开了讨论。有的小朋友提出老家的灶台是架起来的。那用什么架呢？郑逸铭小朋友说是用砖头砌的。郭梓茹提出也可以用木头。张哲睿觉得用竹子搭灶台也不错。也有小朋友提出可以用树枝、竹子搭。幼儿说出了自己的想法，然后去寻找材料了。（图41～43）

图41　在石头坊找到了砖头，用十二块砖头搭个灶台

图42　在大型建构区找到积木，用8块积木搭了灶台

图43　在沙池找到了PVC管，用4根PVC管搭了个灶台

案例中教师通过给予建议，支持幼儿游戏，教师在观察的过程中发现幼儿为了一个灶台而发生了争执，导致原本有序的活动无法进行，此时教师给予的不是直接指导，而是采用建议的方法，比如调整策略自己搭建一座灶台。在教师的建议下，幼儿的思维得到拓展，提出来很多种搭建灶台的方法，将游戏往更深层次推进。

③ 挑战式互动——推动深化

在农家游戏开展过程中，教师需要帮助幼儿即时生成既有趣味又有挑战的主题内容，提升幼儿的能力，推动幼儿深入的探究，帮助幼儿积累经验。

案例：秋葵的黏液（大班）

幼儿从家里带来了秋葵的秧苗，在老师的协助下，他们小心翼翼地在农家坊的种植园地，种下了秧苗。小小的秋葵秧苗在幼儿的精心照料下，终于结出果实了。看到结出来的果实，幼儿可开心了，他们商量决定要把秋葵带到农家坊去做菜。

于是他们来到操作区，分工合作。他们商量着把秋葵洗一洗，炒一炒。于是，他们找来了工具，开始切秋葵。金金发现切不动秋葵，于是颖颖提议换一把刀，可是还是切不动，横过来也切不动。这个时候洛洛发现小的秋葵能切得动。（图44）

图44　切秋葵

幼儿提出疑问：为什么大的切不动，小的就很好切？

于是，教师走过来，引导幼儿摸一摸、捏一捏、闻一闻，他们发现大的是硬硬的，小的有点软。教师又引导他们从颜色上观察两个秋葵有什么不一样的地方。他们发现大的秋葵颜色有点发黄，小的秋葵颜色偏向淡青色的。

幼儿的第一个发现：小的、颜色淡的、摸上去软的比较好切。后来教师告诉他们这种就是嫩的秋葵，比较好切，相反，摸上去硬的、颜色有点发黄的就是非常成熟的秋葵，不好切。

幼儿的第二个发现：他们又摘了满满一篮子嫩秋葵，清洗后便到操作区开始切。这时候金金发现秋葵里面黏糊糊的，像胶水一样。他们试图把里面的黏液清洗干净。（图 45）

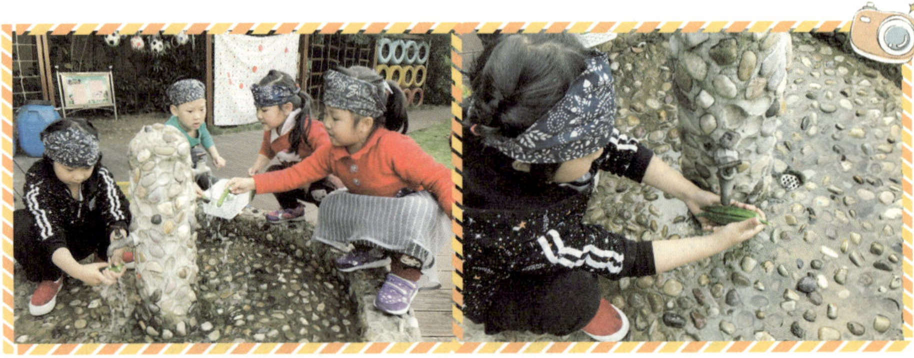

图 45　清洗秋葵

1.第一次试验

幼儿一起来到水池边，把秋葵一个个都掰开，认真地洗着里面的黏液。这时候保育员张阿姨经过，立马制止了他们，张阿姨说秋葵里面的黏液是有营养的，不可以洗掉。听了阿姨的话，几名幼儿不知道怎么办了，既然黏液不能洗，那就这么放到锅里炒吗？会有很多像丝一样的东西挂在锅上。他们又议论开了。

小勇："难道就这么黏糊糊的下锅吗？"

小勇："可是又不能洗掉。"

洛洛："那有没有什么办法让像丝一样的黏液不弄得到处都是，又不会失去营养呢。"

图 46　晒秋葵

小勇："这个黏液像水一样，那我们可不可以晒一晒，把黏液晒干了，再放到锅里烧呢？"

金金："这是个好办法啊，我觉得我们可以试试。"（图46）

2.第二次试验

幼儿用晒干这个办法去处理秋葵的黏液。他们把秋葵切成一段一段的，然后将切好的秋葵放在布上晒。晒了一天之后，他们发现黏液真的没有了。

金金："你们看黏液真的没有了。"

金金："我们洗洗就可以下锅了。"

于是，几名幼儿找来了盆，开始洗秋葵。不一会儿洛洛就叫了起来："手上滑滑的，还是有黏液。"

小勇："那怎么办？这个办法是行不通的。"

3.第三次试验

洛洛："既然不好晒，那我们可不可以尝试把它冷冻起来呢。"

金金："整个的冷冻起来。"

小勇："黏液冻起来了就不会流失了。"

幼儿说着就行动起来了，他们把秋葵清洗干净，送到体验坊的冰箱里。过了两个小时，他们取出秋葵。他们把冻好的秋葵拿到农家坊放在一旁晾了十分钟，发现有点软了。于是他们开始切秋葵。

小勇："软了又开始有黏液了，又变成和原来一样了。"

小金："下锅的时候还是会有很多像丝一样的东西挂在手上。"

小勇："晒干了会失去营养，冻硬了又切不动，还有什么办法呢。"（图47）

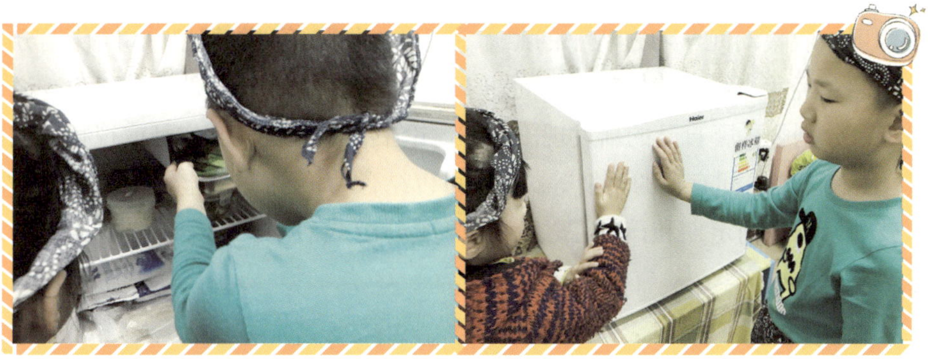

图47　冷冻处理秋葵

幼儿又一次尝试失败之后，有些灰心了。他们就带着疑问来询问教师了。教师把这个问题抛给了全班小朋友。

小鱼:“秋葵就和山药一样,只要切开就会有黏液,就会弄得到处都是。”

小勇:“我奶奶煮山药的时候先用热水冲一下,然后再煮。”

老师:“那我们也可以试一试啊,看看这个办法好不好。”

于是,小朋友从保温桶里接来一大盆热水,他们把切好的秋葵放在盆里,然后用手轻轻地搅拌,一会儿将秋葵捞出,这时候幼儿发现确实一丝一丝的黏液少了很多,不再那么粘手。他们很兴奋,并及时把这一方法记录下来。

将幼儿在农家坊遇到的问题,拿到班上和其他的小朋友一起想办法解决,幼儿你一言我一语,就想出了一个好办法。幼儿再次来到农家坊,按照刚刚讨论出来的方法,一盘秋葵就上桌了,整个过程很少有黏液流出。

(1)在对比中引发认知冲突

教师通过提供对比,使幼儿更容易发现秋葵的明显特征。

(2)在交往中发现隐含的探究线索

在探究去除黏液的过程中,同伴间相互观察、相互交流、相互帮助,这往往是幼儿发现有价值的问题或者遇到障碍的有价值的信号,将为幼儿带来新的历程。

(3)关注幼儿情感价值

如果幼儿的活动总是处于同一水平,缺乏挑战,那么幼儿将产生低落、乏味的情感。如果对幼儿控制过严,就限制了幼儿的自主,所以关注幼儿的这些情感冲突,将激励幼儿进行新的思考、尝试,提出新的问题或产生新的尝试探索行为。

4 邀请式分享——交流发现

教师可以收集幼儿学习过程中的照片、视频、作品等,邀请他们和同伴们分享自己的绘画作品、经验表征、建构物体、问题求证单、游戏故事,让幼儿分组说一说自己的参与过程,分别聊一聊自己的新发现。团体讨论中,幼儿就某个作品或视频说说自己的想法,谈谈和同伴之间有趣的事情等。教师可以结合种植园地、饲养坊等资源拓展游戏,还可以鼓励家长每周定期和孩子在“生活区”展开游戏活动,寻觅亲子快乐时光。

案例: 腌鸭蛋(大班)

农家坊活动中,几名幼儿商量着准备腌鸭蛋,他们把鸭蛋密封在盛有盐水的透明容器里,每天去看看鸭蛋有什么变化。(图48~49)

一天，点点发现一开始沉在瓶底的鸭蛋全部都浮起来了。他将自己的发现记录下来，并告知其他的小伙伴。几个好奇的幼儿商量着又找来了许多透明的玻璃罐子，他们说要腌别的东西，看看有没有变化。他们找来了石头、鸡蛋、白菜等，分别放在盐水、醋水、糖水、清水中进行观察对比，同时记录着每天的变化。(图 50～53)

图 48　用各种溶液浸泡各种物体

图 49　观察浸泡物体的变化

图 50　醋里的鸡蛋：摸上去软软的还浮起来了

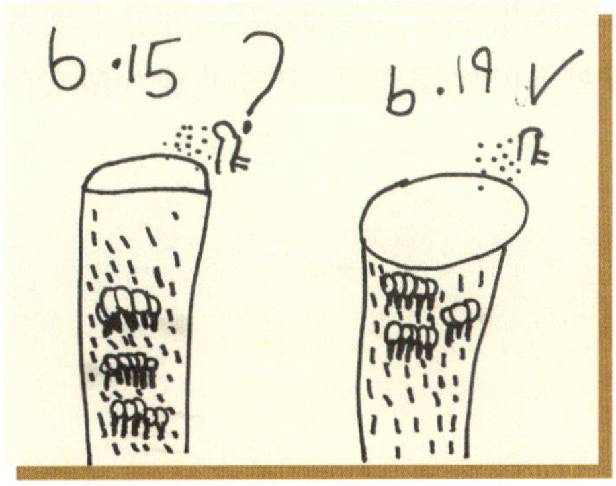

图 51　糖水里的白菜：浮起来了而且有点烂

图 52　清水里的糖果：几天之后，糖果不见了

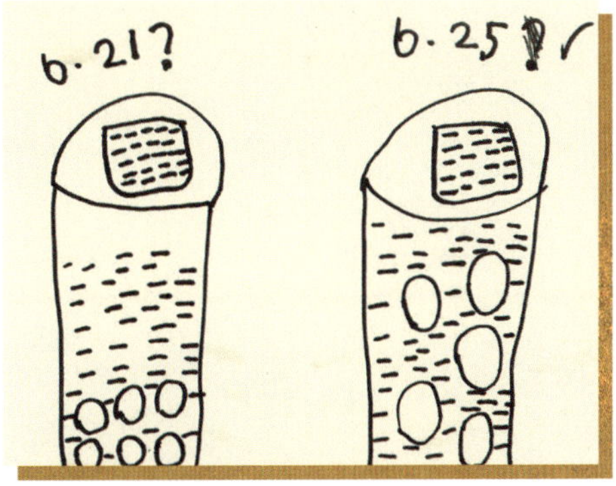

图 53　盐水里的石头：有的浮起来了，有的水变得浑浊了还是在水底

在这样的过程中，幼儿获得了不同物体在不同液体里经过不同的时间浸泡发生变化的样子。他们及时记录下来，将自己的发现与同伴、老师及时分享，并讨论为什么会出现这样的现象，从而进一步提升经验。

游戏中教师引导幼儿通过多种感官去完整细致地观察事物，并明确不同实验的观察重点。例如观察醋水里鸡蛋的软硬、糖水里白菜的沉浮、清水里糖果的溶化、盐水里石头的状态和水的颜色等。正因为有了这样的梳理，幼儿掌握了分步的观察思路和方法，将观察的结果和同伴交流分享，形成经验的累积、拓展和提升，促进游戏向更深层次发展。

把游戏的自主权还给幼儿，可以让幼儿在自主、自由的游戏环境中，不断挑战，获得经验，形成想法，完善规划，表达见解；创设农家坊与户外环境的激情对话，可以让教师们在课程游戏化研究不断深入的过程中，转变观念，从原来的“要幼儿做什么”的观念转变为“我们可以为幼儿做什么”的观念。活动不再是教师为幼儿预设好的，而是秉持“幼儿在前，教师在后”理念来展开，教师根据幼儿的兴趣不断调整支持的策略，满足幼儿的发展需要，让幼儿成为游戏的主人。

小积木 大世界

户外建构区环境创设

南京市江宁区石羊路幼儿园 朱华凤、韩 静 撰写

XIAO JI MU DA SHI JIE

建构游戏是幼儿最喜欢的游戏之一，幼儿园中的建构区往往都是幼儿园里最热闹的户外游戏区。在建构区里，积木可以变成飞机场或皇宫，变成运动场、摩天大楼、城堡，甚至是现代的公寓楼。如果没有想象，积木就仅仅只是一块木头，但幼儿丰富的想象力使积木可以变成各种东西！这些开放式材料为幼儿提供了开展多元课程的媒介，在这里，他们的多元能力可以得到发展。

《3～6岁儿童学习与发展指南》指出：要珍视游戏和生活的独特价值，最大限度地支持和满足幼儿通过直接感知、实际操作和亲身体验获取经验。建构游戏是幼儿利用各种不同的结构材料，经过创作反映周围现实生活的游戏，它的奥妙之处在于能充分满足幼儿多方面的兴趣，提供给幼儿整合性的经验。

一、满足儿童需要的建构区区域划分

户外积木建构区是指在教室外建立一个独立的、安全的、供3～6岁幼儿游戏的积木建构区域。（图1）幼儿园需提供合适的户外场地，即可同时容纳20～40名儿童进行建构活动的空间，并投放充足的积木和辅助材料。这些材料应该存放在便于幼儿取放、不惧户外天气影响的、易于积木分类、安全保存的地方。我们将其分为以下几个功能区。

图1　户外建构区

图2　积木材料架

1 积木区

积木区中需要有各类形状、大小不一的积木以及摆放积木的材料架，材料架的高度不宜过高，需便于幼儿取放，建议高度为1.5米左右。材料架可用不锈钢金属打造，防潮、防虫，材料架外可用防雨水布做架套，便于保护积木等材料不受户外天气影响。（图2～4）

图3 积木架上分类摆放的积木

图4 积木区

2 游戏配件区

游戏配件区就是常说的辅助材料区，区域中有在户外配备的基本建构辅材，材料以废旧材料为主，情境性材料为辅，用于户外晨间锻炼的器械亦可以成为建构辅材。同类材料可存放于分类箱中，便于幼儿取放。教师需在活动前调查幼儿所需的辅材并提前准备好，活动中适时提供，同时提供便于幼儿取放积木的小车，即小推车、小拖车、各种儿童车等。（图5～10）

图5 运送积木的小推车

图6 儿童车

图7 塑料筐小拖车

图8 木质小拖车

图9 材料分类箱

图10 游戏配件区（辅材收纳区）

③ 信息区和创作留存区

在户外可设立一处简单的信息区和创作留存区，两区域可合并在一处。各班级内可设立班级的建构信息区和创作留存区，可和室内建构区融合在一起。室外的信息区和创作区设置点的场地大小应可容纳8～10人，区内可摆放供幼儿创作使用的桌、椅，以及可摆放纸、笔、绘本、各类建构书籍等的材料柜，墙上可粘贴幼儿建构作品等图片。（图11～12）

图11 信息区和创作留存区

图12 木屋内存有展示柜和展示墙

二、支持儿童操作的建构区资源准备

《0～8岁儿童学习环境创设》一书中建议，至少要为不同年龄组的儿童投放不同数量的积木块：3岁儿童需要586块；4岁儿童需要748块；5岁或更大儿童需要980块。对于一个开放性的建构区来说，积木的数量应不少于1000块（我园投放近2000块积木）。同时可以利用一些废旧材料进行适时的辅助，达到废物利用、材料多样的效果。

① 积木类：大小不一的积木块、三角块、圆柱、中空积木、单插口积木、双插口积木、有孔积木、弧形积木、半圆积木等。（图13）

② 基础设备：安全帽、手套、箩筐、推车等。（图14～15）

图13　各类型积木

图14　安全帽

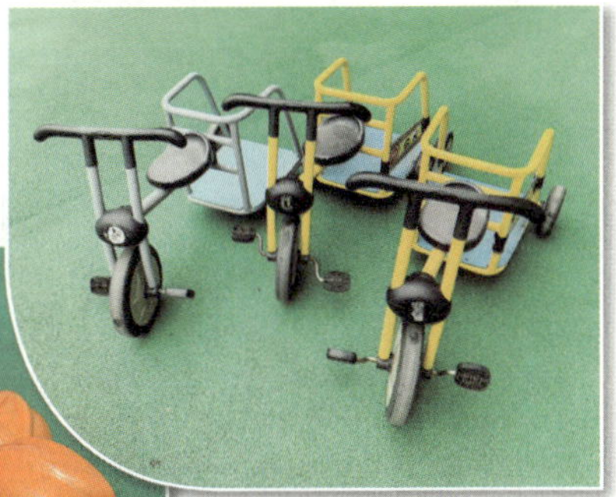

图15　儿童车

3 辅助材料：PVC管、轮胎、彩色积木、正方形套装彩盒、三角形套装彩盒、屋顶片等。(图16～18)

图16　PVC管建构

图17　轮胎

图18　彩色积木和彩色盒

4 废旧材料：薯片桶、牛奶罐、茶叶罐、纸盒、各类饮料瓶、蛋托等。(图19～22)

图19　薯片盒和牛奶罐

图20　奶粉罐

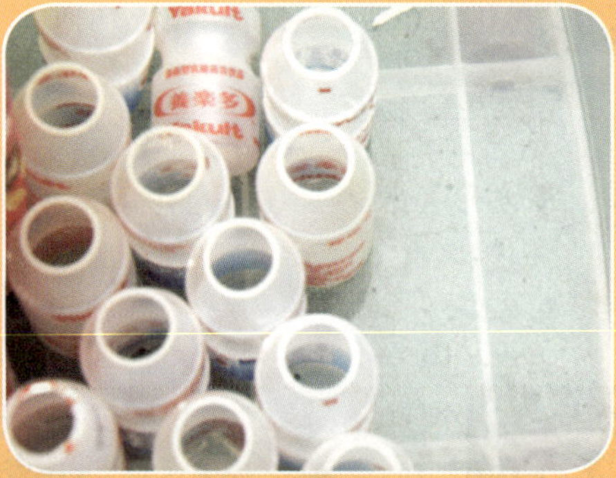

图21　养乐多瓶

图22　蛋托

5 交通类材料：交通工具（汽车、船等玩具）、交通灯、方向盘、标志牌、标志桶等。（图23～25）

图23　交通标志牌

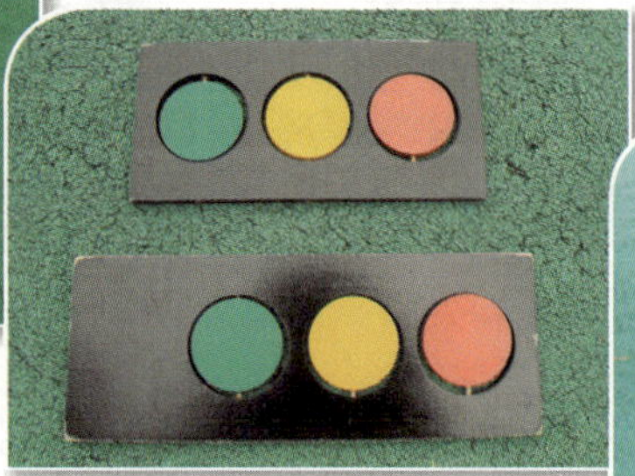

图24　交通灯

图25　交通锥

6 信息资源：世界名建筑物的图片、积木搭建的图片、搭建参考范例、幼儿建筑类书籍、幼儿生活中的建筑物图片、其他相关的绘本书籍等。(图 26～30)

图 26　世界名建筑物图片

图 27　积木搭建图片

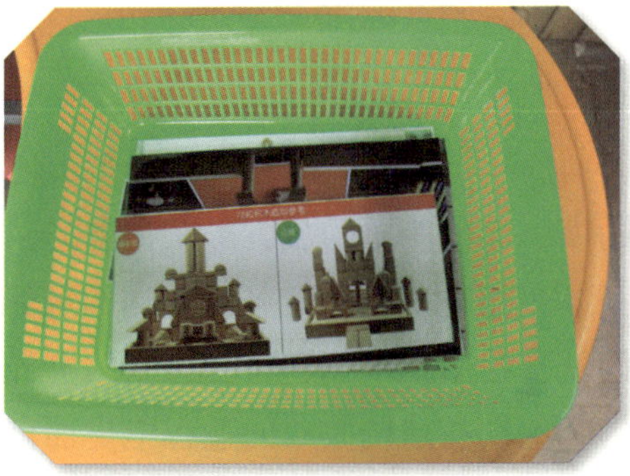

图 28　搭建参考范例

图 29　幼儿建筑类书籍

图 30　其他相关的绘本书籍

7 绘画工具：画板、纸张、水彩笔、油画棒等。(图 31～32)

图31　创作类材料存放柜

图32　纸、笔、画板

建构区的材料主要以低结构的积木为主，积木主要为碳化积木，不仅轻巧，便于幼儿取放，同时也不容易受时间、天气等因素影响，不易腐烂损坏。辅助材料的选择需根据建构主题内容与当地资源进行灵活的选择和投放，同时亦可用幼儿生活、学习、游戏中的物品进行替代，游戏后再放回原处，不断支持幼儿的探索与需求。

三、适合儿童参与的建构区内容选择

积木建构对于幼儿而言是一件非常有趣的事，那些简单的长方形、正方形、三角形、圆形等几何形体，经随意拼接、摆弄，就可以变成他们喜欢的各种各样的玩具和熟悉的游戏情境。当积木走进幼儿的世界，他们就开始用积木创造自己喜欢的世界。积木任意变化的造型能力是其他玩具无法相比的。他们在建构游戏的过程中更加自由自主，并通过自选同伴、自选材料、自选场地、自由搭配进行想象中的真游戏。

1　建构游戏

（1）命题式建构

图33　城堡

图34　船

幼儿依据具体的命题（命题可以是结构物的立体造型、图纸、实物或玩具、照片图画等），利用积木及现有的辅助材料，通过排列、叠高、围拢、拼插等方式进行具体的模拟搭建。命题式建构主要是告诉幼儿选择他们见过的某一具体事物或者给予幼儿具体事物的参照物，如图纸、照片等，幼儿通过积木建构的方式将其重现。例如指定船、汽车、城堡、天安门、沙发、书桌、高楼等具体的、单一的、形象的事物，幼儿能够很快速地进行搭建并完成。（图33～34）

（2）主题式建构

主题建构的产生主要来自幼儿对周围生活环境的观察和其所具备的丰富的社会经验。幼儿通过“参观（想象、回忆）—讨论—建构”等逻辑展开活动，在此过程中，每位（每组）幼儿的想法也各不相同，最后呈现的作品也会各有特点，与众不同。主题式建构主要是给予幼儿某一主题，如：“未来的城市”“温暖的家”“社区”“春天”“公园”等等。这些主题在幼儿原有生活经验的基础上，给予幼儿想象的空间，如“公园”主题中，每位幼儿去过的公园都会有所不同：有的公园里有大大的湖泊；有的公园里有许多高大的树和美丽的花；有的公园里有游乐设施等。幼儿可以通过想象和回忆，与同伴进行谈论，搭建自己喜欢的公园。（图35～36）

图35　社区

图36　温暖的家

（3）自主建构

在空旷的场地上，幼儿自由结伴，自主选择，根据自己的设想创造性地使用现有的积木及辅材进行创作，将积木按照自己的想法随意拼接，随意搭建，创造属于自己的积木玩法。（图37～38）

图37 垒高与平衡

图38 随意拼搭

2 角色游戏

(1)以物代物角色游戏

这是幼儿(尤其是小班幼儿)最喜欢的游戏之一，通过观察各类积木的外形特征，将积木作为某一生活中的替代物品进行角色游戏。他们经常会将弧形积木作为电话、积木块作为手机或平板电脑、圆柱积木作为擀面杖、中空积木作为摄像机等，以物代物进行角色游戏，并能沉浸在游戏的情节中。(图39～40)

图39 擀饺子皮

图40 切饺子皮

(2)情境性角色游戏

通过横排、叠高、平铺、围拢、覆盖等方式，将积木建构成幼儿角色游戏中特

定情境中所需的“道具”或场景。幼儿在情境中进行创造性角色游戏是一种新的玩法。(图41～42)

图41　搭建舞台

图42　幼儿表演

③ 科学益智类游戏

将大小不一、长短不一、高低不同的积木作为益智游戏的材料特征，通过对比、排序、垒高等方式进行一系列的益智类游戏。同时在建构区内，幼儿可以进行一些探究类的科学益智小游戏，如：滑坡实验、天平秤、弹射和张力实验等。(图43～44)

图43　滑坡实验

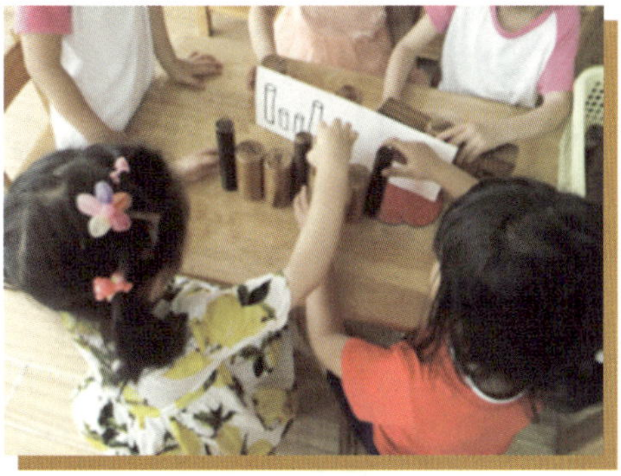

图44　排序

④ 体能挑战游戏

将积木进行简单的摆放、拼搭后，变化成幼儿所需要的锻炼器械，如：将积木作为障碍物跳过或绕过；作为负重物，放在身上完成锻炼内容；作为机械操的器械；作为锻炼场景的布置等等。(图45～46)

图45　双脚并拢连续跳

图46　过小桥

四、支持建构区活动开展的有效策略

1 用照片、图文记录的方式，引起建构兴趣

幼儿搭建的物体可以是主题里的，也可以是幼儿根据生活经验和兴趣生成的。不管是哪一种，幼儿在开始搭建的时候思维都是相对抽象的。除了提供一些形象的实物图片或建构作品的照片，还要提供纸和笔。可以引导幼儿在搭建之前以小组的形式商

图47　搭建前计划

图48　根据图纸搭建

图49　搭建的作品（一）

图50　搭建的作品（二）

量内容，其中一人执笔将大家的设想画在纸上，最终确定后再开始搭建。这样的搭建才有目的，有计划，有合作，而不是凭空想象，各搭各的。（图47～50）

案例：“故宫”诞生记（大班）

在一次“中国节”的主题活动中，大班幼儿在户外建构区中尝试进行命题式建构，建构主题为故宫。在没有太多经验铺垫的前提下，幼儿在建构场地尝试进行了第一次搭建。搭建过程中暴露出很多问题：场地划分不明确，没有整体概念；建筑特征不明显；合作意识不强，目标不明确等。（图51～52）

在经历了第一次搭建的失败后，师幼回到班级共同总结经验。他们查找故宫图片，从外形、建筑特征、布局等方面了解故宫。最终幼儿得出了结论：故宫的布局是左右对称的，建筑结构比较方正，屋顶多为飞檐梯形等。同时，他们还引入“设计图”的概念，对本次故宫的搭建进行经验总结，重新明确分组，在全班努力下，形成了第一份电子设计图，并再次进行搭建。（图53～55）

有了初次搭建的经验后，幼儿对再次尝试搭建故宫更加自信，后期他们搭建得越来越熟练。分工后，他们能在短时间内迅速完成自己的搭建，在反复检查后，金銮殿小组的幼儿不满意现在的搭建成果，他们仔细研究金銮殿的图片，准备搭一个更逼真的金銮殿，为此他们进行了精心改良和重新设计；负责搭建西六宫的幼儿完成搭建以后，利用几个圆柱形积木在“宫内”玩起了娃娃家；负责搭建马厩的幼儿在马厩内搭了一个跑步机，他们的理由是，万一这个皇帝是穿越的呢？诸如此类的升级版游戏还有很多，但这些都建立在一个基础上，即幼儿对游戏已经很熟练了。当完成自己的建构小目标之后，他们会自发地围绕自己的建筑开展更多的象征性游戏，或根据自己创造出的游戏的发展需要再次升级自己的建构作品，或改变现在的建构行为，或是从建构游戏跨区域联动到其他的游戏。（图56～58）

图51　第一代天安门（场地狭小）

图52　第一代金水桥

图 53　故宫全景图

图 54　天安门

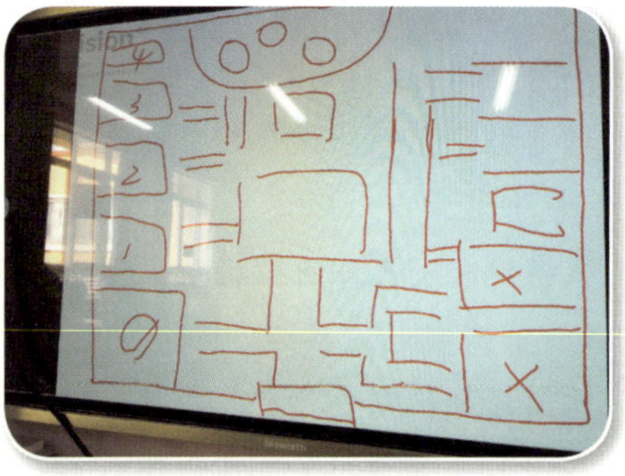

图 55　场地设计图

图 56　角色游戏

图 57　舒适的会客厅

图 58　故宫搭建全貌

2 提供辅助材料，支持想象游戏

幼儿搭好积木作品后，就会有意识地围绕它开始简单的想象游戏，但由于缺乏丰富的游戏材料的支持，游戏往往开展不起来。有的幼儿守着积木不知干点什么，有的干脆退出积木区去玩别的了。教师需适时地进行辅助材料的投放，丰富游戏的内容，促使幼儿围绕建构作品开展想象游戏，明确积木建构所要表达的主题，帮助幼儿有主题、有

情节、有设计地建构积木，积累充分的建构经验。（图59～60）

图59 超市

图60 旅行去

案例：过生日（小班）

这一天是小七班的小马四岁的生日，他邀请几个小伙伴在建构区一起玩过生日的游戏。小马和他的小伙伴们先是用积木搭好了一个“蛋糕”，然后大家一起拍手庆祝，并为小马唱起了生日快乐歌。生日歌唱完，多多提议：“快吹蜡烛许愿吧。”小马笑着说：“可是蛋糕上又没有插蜡烛。”怎么办呢？在教师的引导下，大家想到了可以借助其他辅助材料。于是，大家忙活起来，从班级各区域收集来了许多材料，有美工区的水彩笔，娃娃家的小碗、切刀、小勺等。小马将四根蜡烛（四支水彩笔）“插”在蛋糕上说：“今天，我四岁了，要插四根蜡烛”。小马吹完蜡烛，许好心愿，然后又拿起“切刀”准备切“蛋糕”，并将切好的“蛋糕”装在小碗里，依次发给每个小伙伴。“吃蛋糕喽！”“我最喜欢吃蓝莓味蛋糕！”“我妈妈说多吃

图61 制作蛋糕

图62 唱生日歌

水果会变漂亮”……游戏中，幼儿一边吃一边围绕“蛋糕的口味”的话题热烈讨论起来。于是，在开展第二次的建构游戏前，教师又在建构区提供了仿真水果、油泥等材料。(图61~64)

图63　吹蜡烛，切蛋糕

图64　吃蛋糕

3 以游戏者身份介入，引导幼儿尝试新的建构方式

幼儿开展积木建构活动应具备的另一主要能力是掌握基本的积木建构技巧。教师应引导幼儿主动尝试并掌握基本技巧，如学会横排、叠高、围拢、覆盖等建构方式。小班幼儿有喜欢重复的特点，有些幼儿会不断重复某一建构方式，不断重复相似的游戏，一段时间后，有的幼儿会因为失去兴趣而不再来积木区玩。教师可以尝试着在游戏中设置情境问题，让他们在想办法解决问题的过程中，尝试新的建构方式。

案例：逛公园(中班)

一次建构活动中，中三班幼儿饶有兴趣地搭建着他们的“围合建筑”。在他们正商量要搭什么样的公园的时候，教师走过去，说：“嗯，我也想和你们一起玩，公园到底是什么样子的呢？我们可以怎么搭呢？”一个幼儿说：“我去过公园，公园有漂亮的大门。”“对的，还有好看的小路呢！”“还有小亭子！”幼儿七嘴八舌地回忆着自己印象中的公园。说干就干，教师和幼儿自由组合搭建起小公园，幼儿分工明确，不一会儿一个简单的小公园就完成了。(图65)

“我们来玩逛公园的游戏吧！”幼儿变身成“妈妈”，带着自己的小宝宝逛公园，这样重复几次游戏后，幼儿的兴趣逐渐降低，有几位“妈妈”甚至已经想要去别的游戏区了。教师妈妈带着宝宝逛着，故意大声说：“我的宝宝要坐游船！”幼儿的兴趣一下转回来。“我的宝宝也爱坐游船，他喜欢小黄鸭游船。”教师紧接着说：“那我们来搭建一个游船区吧！”小船很快被建好了。就这样，因为“小宝宝”的一系列需求，公园里多出了很多有趣的建筑，有小桥、河边小树、公园里的滑滑梯等等，它们都在“逛公园”的游戏里逐步诞生啦！（图66～67）

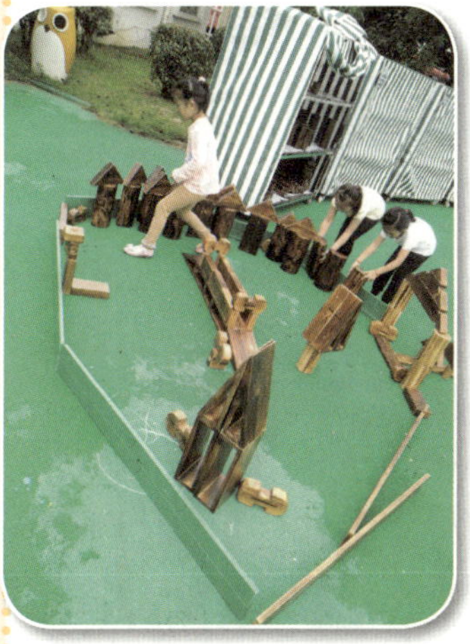

图65　初次完成的公园

图66　再次重建公园

图67　逛公园

④ 让幼儿自由探索，做游戏的主人

教师参与得越多，幼儿的主动性越弱，教师直接指导得越少，幼儿主动性越强，因此，我们应该让幼儿做游戏的主人。

（1）做材料整理的主人

积木进入幼儿园后，我们会发现收拾、整理积木是一项很大的工程，往往又耗时、又耗人工。但把积木整理的主动权交给幼儿后，会发现幼儿的扛、拖、搬运、推等大肌肉动作得到了积极的锻炼和发展，商量、合作的行为也频频出现。在整理中，关于数量、形状、大小、对称、分类等知识的学习也伴随着幼儿开展活动而发生。在无法完成任务时，一些幼儿还会借助拖箱、车子来运送大块的、重量级的积木。通过合作，幼儿在5分钟时间内，把将近2000块积木收拾得干净、整齐。（图68）

（2）做游戏创设主人

在以往的游戏中，往往是教师在不断地引导着幼儿进行游戏。自从户外游戏区域建构以来，我们把游戏真正地还给了幼儿。幼儿在游戏中自由结伴、自主创造，遇到问题自己想办法解决。例如：在建构区围绕“家”的主题搭建时，有的幼儿说，家里有一张神奇的“床”，可以变成床用来睡觉、可以变成书桌在上面写字、可以变成沙发、可

图68　幼儿自主整理材料

以变成跑步机……有的幼儿说，家在六楼，很高很高，因此，他把“家”的底部做得高高的，还有一个“小楼梯”便于他到达自己的“家”……幼儿的想象力及创造力是无限的，他们会带给我们巨大的“惊喜”。（图69～70）

图69　小小车行

图70　运输队

（3）游戏材料的一物多用

在幼儿掌握使用积木进行建构的方法与技巧的基础上，教师适当引导，幼儿自主探索，发挥自己的想象力和创造力，使积木发挥最大的价值。积木对于幼儿来说不仅仅是简单的建构游戏，更是围绕想象力展开的游戏。他们可以利用积木作为乐器进行音乐游戏；可以利用积木搭建舞台进行表演；积木在户外游戏“野战屯”中可作为“枪支弹药”；在“娃娃家”中，积木是“锅碗瓢盆”；在体育游戏中，积木又变成了游戏道具……幼儿研究出了积木的多种玩法，表现出更多的求新性，他们大胆想象创造，思维变得更加活跃。（图71～78）

图71　停车场

图72　小火车

图73　城堡

图74　梅花桩

图75　天安门

图76　城市交通

图77　我家的房子

图78　摩天大楼

小木工 大视野

户外木工区环境创设

江苏省扬中市新坝镇中心幼儿园 王海英 徐佳佳 撰写

XIAO MU GONG DA SHI YE

木头是生活中常见的自然材料，木工活动也是幼儿喜欢的一种创意活动。在木工区，幼儿可以在敲敲打打中体验传统手工劳作的乐趣，在快乐游戏中发展他们的小肌肉动作以及手眼协调能力，在与材料互动中仔细观察与发现秘密。幼儿木工活动能够带给幼儿多元智能的发展，促进幼儿学习能力及学习品质的提高，最重要的是能够满足幼儿成为“小小创客”的兴趣倾向，提升幼儿的工程素养。

一、满足儿童需要的木工区区域划分

基于儿童的立场，根据木工区空间的大小以及活动的需求，我们可将其划分为以下几个功能区。

1 操作区

操作区需要有足够的活动空间，便于不同身高的幼儿进行操作活动，尽量避免同伴之间的碰撞。（图1）

图1 宽敞的操作空间

图2 靠近操作区的工具区

2 工具区

使用真实的木工工具具有一定的危险性，幼儿年龄小，自我保护能力弱，为了将危险系数降到最低，便于幼儿操作时取放和使用工具，我们将工具区创设在操作区的旁边。（图2）

3 材料区

材料是幼儿木工活动的必要物质基础，所以，木工区需要准备一个空间足够大且能存放多种材料的区域。（图3）

4 装饰区

针对幼儿年龄特点和个性化需求，为幼儿提供完成木工作品后自由欣赏和二次美化、加工的场所。（图4）

图3 单独的材料区

图4 作品装饰区

5 作品陈列区

作品陈列区是幼儿展示、存放作品的地方，有成品区和半成品区。幼儿可以根据自己的完成情况来选择要不要展示作品。通过作品展示，不光可以点缀木工区环境，增加氛围，更能激励幼儿创作的积极性，让幼儿获得成功感。（图5～6）

图5 作品陈列区

图6 作品装饰区

6 防护区

木工活动有一定的危险性。创设防护区，准备常用急救、无毒无伤害的医用物品，满足师幼一定的应急处理需要。（图7）

图7 防护区

二、支持儿童操作的木工区资源准备

木工区的材料因时因地因需而不同，鼓励就地取材，一物多用，可以根据现有资源和幼儿的兴趣需要灵活使用。

1 基础设备：多样、高矮不等的木工台、桌子、木桩、电动操作台等。（图8～9）

图8　多样、高矮不等的操作台

图9　多功能木凳

2 主要工具：电锯、锤子、老虎钳、刨子、撬棍、手锯、螺丝刀（标准的和非常规的）、钻头、直尺和卷尺等。（图10～17）

图10　电钻

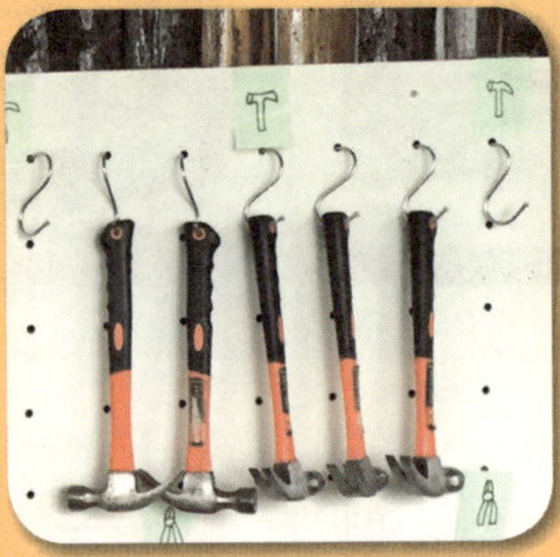

图11　锤子

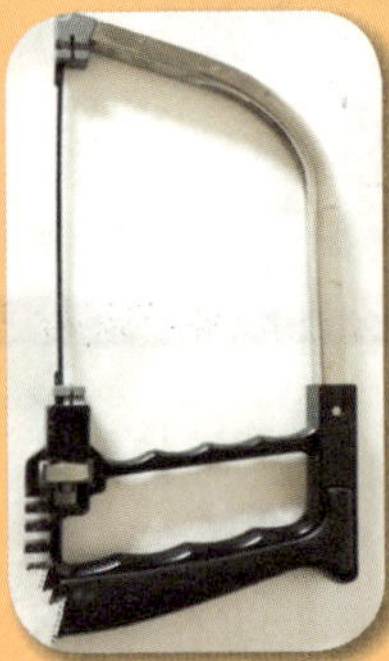

图12　手锯

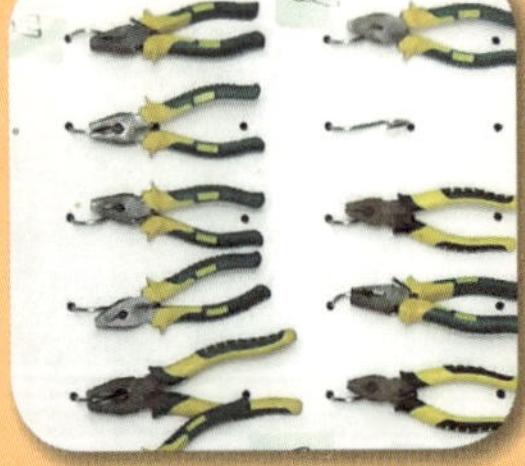

图13　老虎钳

图14　刨子

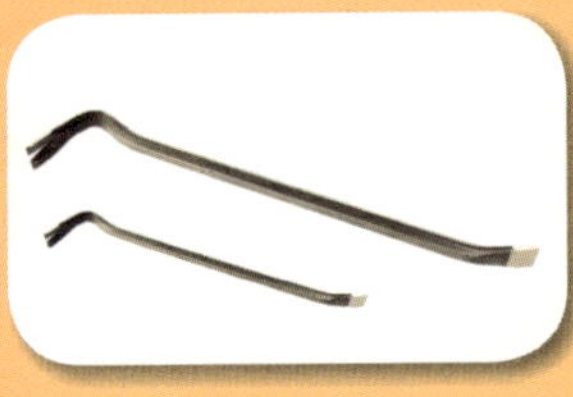

图15　撬棍

图16　螺丝刀

图17　卷尺

3 木工材料：以各种木料为主，如各种材质、形状、长短、大小、粗细、软硬不一的木条、木板以及木质的半成品。（图18）

图18　各种木头材料

4 辅助材料：螺丝、铁钉、刨花、木屑、万向轮、滑阀、树皮、废弃把手、插销、砂纸、木工铅笔、弹线盒、颜料、与木工有关的图书等。（图19～27）

图19　螺丝

图20　铁钉

图21　废弃把手

图22　滑阀

图23　木工铅笔

图24　万向轮

图25　刨花、木屑

图26　弹线盒

图27　砂纸

5 装饰材料：各类美术装饰材料，如记号笔、记录纸、彩笔、彩纸、双面胶、颜料、自然类材料等。（图28～29）

图28　各类装饰材料

图29　颜料

6 防护设备：急救箱、防护眼罩、护衣、防护手套等。（图30～33）

图30　防护眼罩

图31　防护手套

图32 护衣

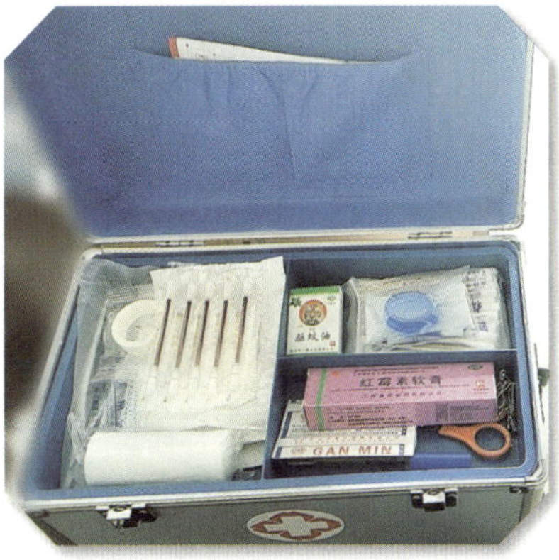

图33 急救箱

三、适合儿童参与的木工区内容选择

人类有使用木制工具的传统，幼儿可在敲敲打打、钉钉锯锯中展开创作，探索木头的可塑性，体验传统手工劳作的乐趣等。

1 基础的机能性活动

这一阶段常见于小中班或刚开始接触木工工作的幼儿。教师提供木工常用工具锯、锤子、螺丝刀、曲尺以及木块、工作凳、木板等，让幼儿自主选择工具尝试操作，在操作中熟悉工具的用途，开展劳动实践，体验木工活动的乐趣。我们鼓励幼儿利用各种木材尝试钉钉子，为了保证幼儿可以拿稳钉子，可将钉子插入一个大齿的梳子中，小班幼儿可以拿住梳子的底端，亦可支持幼儿将钉子插到一片卡纸上。虽然大部分钉子钉入木头后，卡纸基本已经被撕裂，但这种方法便于幼儿参与到钉钉子活动中。

(1)简单的技能重复

幼儿自主选择木料，展开锯锯、钉钉、敲敲、量量等活动，特别是小中班幼儿，他们在简单的动手操作中获得满足感。如几名幼儿来到木工区，计划做“小桥”，他们寻找材料、测量，开始了“产品”的加工。(图34～37)

图34 设计图纸

图35 锯木头

图36　按标记测量

图37　做标记

（2）基础的结构连接

伴随简单的机能动作，幼儿会按照自己心中预设的单个物体形象，展开自主想象的拼接活动。

案例：尝试连接（中班）

木工区活动中，幼儿将需要的材料准备完善，进行最后的连接，可是，他们发现将木板与木板进行连接的时候钉子总是钉不进去，这是为什么呢？于是，教师适时介入指导，将所有类别的钉子拿到操作台供他们观察使用。

不一会儿，昊昊说："老师，我换了这颗细细的钉子就成功了呢。"彤彤看看自己手里的钉子，这是一颗很粗的钉子，可是彤彤换了一颗细钉子后依然没有敲进去，昊昊就开始示范说："你得用手扶着钉子，而且你敲得太轻了，根本敲不进去。"彤彤立刻学了起来，用手扶着钉子先轻轻地敲了一下，发现有洞洞了，再用力敲了几下，果真成功敲进去了。（图38）

天天小朋友想法和其他小朋友不一样，他说："我可以先在木板上用电钻钻个小小的洞，然后再用螺丝将木板和木板拧在一起。"（图39）

图38　钉钉子

图39　电钻钻孔

2 简单的制作类活动

这一阶段的活动适合已经有一定经验的中大班幼儿。教师支持幼儿利用锤子、锯子、胶水以及方形木块、长条形木块、圆形木片等工具、材料，尝试做木工料连接、拼搭、组装、粘贴、装饰等活动。可以尝试让幼儿制作简单的木工作品，如梯子、车轮、木框等，或粘贴一些木工作品。幼儿从中能够自己选择相匹配的材料，选择钉子大小时能够通过目测或测量，比较钉子长短与木头的厚度是否匹配等。（图40～43）

图40　用胶水连接

图41　制作简单作品

图42　用钉子连接木条和木块

图43　圆片与木板连接

（1）简单的平面制作

幼儿取用各类木料与辅料在平面上展开简单的创意活动。

案例：创意装饰（大班）

一次参观木工区的活动中，幼儿来到木工区的作品展示区欣赏着其他幼儿的木工作品。这时玥玥说："如果这些木头作品变成彩色的一定会更加好看。"教师顺着玥玥的想法说："是呀，如果再装饰一下一定会更加生动呢。"幼儿纷纷根据自己的想法大胆创作起来。玥玥说："我要用橡皮泥捏出娃娃的鼻子、嘴巴、眉毛。"彤彤说："我们可以用刨花做娃娃的头发。"天天说："那我来用颜料为木头设计漂亮的衣服吧。"豆豆说："我想要把冰棒棍刷成彩色的来装饰。"瞬间，木工区里新添置的各色颜料、排笔、冰棒棍等成了一道亮丽的"风景线"。幼儿让原本生硬的木头作品，瞬间充满了童趣。(图44)

图44　幼儿的装饰作品

(2)简单的立体制作

幼儿取用各类木料与辅助材料展开二维或三维的较为复杂的创意制作活动。

案例： 制作梯子(大班)

嘟嘟和甜甜准备做一把梯子放在小班娃娃家中。他们开始设计图纸，寻找材料，分工合作。嘟嘟尝试了几次都没有成功，立马喊老师帮忙。老师没有立即告诉他问题在哪，而是让他去看其他小伙伴的活动，尝试观察其他小伙伴用什么样的钉子连接，如何锯出不同长短的梯档，如何做到下大上小等。嘟嘟还发现原来钉子的粗细和木板的厚度需要进行匹配。经过不断尝试与调整，双人梯最终制作成功了。(图45～48)

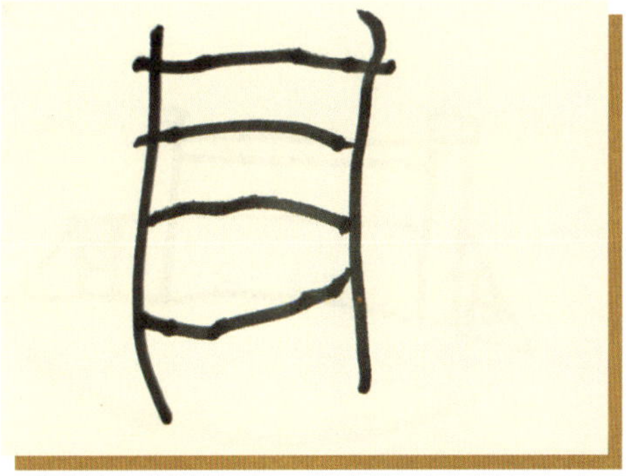

图45 设计图纸草稿

图46 调整后摆放

图47 开始制作梯子

图48 梯子制作完成

③ 复杂的创造性活动

这一阶段的活动较为适合中大班木工经验较为丰富的幼儿。教师鼓励幼儿尝试制作更为复杂的木工作品，如椅子、桌子、小板凳、木栅栏等。可以更多地增加设计图纸、表征分析、调整改进等内容，把单纯的木工制作与多元学习有机结合，让木工体验不再是单一的体力活动，而是多种经验的结合。幼儿在“设计图纸—寻找材料—敲打拼装做”的过程中，用持续的思维串联起整个过程，体验木工游戏的快乐。

（1）相对复杂的立体创作

幼儿能够利用表征展开设计，并在不断比对、调整、选择等过程中展开相对较为复杂形象的创作。

案例：大桥（大班）

木工区玲玲小朋友想做“大桥”，老师启发她说：“可以画一张设计图，记下你想做的桥是什么样子。”只见她画出了一个梯形，上口是桥面，两边斜线代表桥坡。画完，她就去寻找木料和钉子准备开工啦。（图49）

玲玲不断比画着木条和木板，思考着选择哪个做桥面，最终决定选择木板，因为走的人多，如果用木条，则需要两边都安装木条后再铺上木板做桥面。昊昊还

图49　大桥设计图

图50　连接完的桥面

图51　安装完桥坡

拿出记录纸画上了宽木板，并打了一个“✓”，画了一个长长的木棱并打了一个“×”。选好了“木板”做桥面，昊昊又开始寻找匹配的“桥坡”材料，他找到一样长短的两个木板，将其与桥面连着试了试，发现比桥面窄了，他又重新去寻找，并不断比对……（图50～51）

因为大桥的制作需要迁移经验并做好前期准备工作，如长度的测量、等距的摆放、桥坡的角度等，幼儿需要在“操作—互动—调整”的循环反复中，不断检验，不断获得制作复杂木工物件的经验。

（2）渗透个性创意的复杂创作

幼儿能够联系前期已有经验，并在遇到问题时不断探究，积累新经验，展开个性化的、有创意的创作活动。

案例：制作“木头书”（中班）

木工活动开始了。睿睿找了几块大小差不多的木块，准备做一本木板书。

第一次尝试时，睿睿找来了乳胶，几个小朋友小心翼翼地用刷子蘸着乳胶刷木块的边缘。木块被刷了多遍，在太阳下晒过，还是失败了。于是，教师启发他们仔细观察各种书的设计。睿睿发现了“活页装订”，大家决定试一试木板书！（图52～53）

图52　刷乳胶后小心翼翼观察是否连接

图53　观察其他书的连接方法

第二次尝试时，他们拿来电钻对木板打洞，不一会儿几块木板就全都打好了。拼装时，他们发现木板上面对齐了，下面就不能对齐了，原来是因为木板上的洞洞打得不齐。（图54～55）

图 54　木板打洞

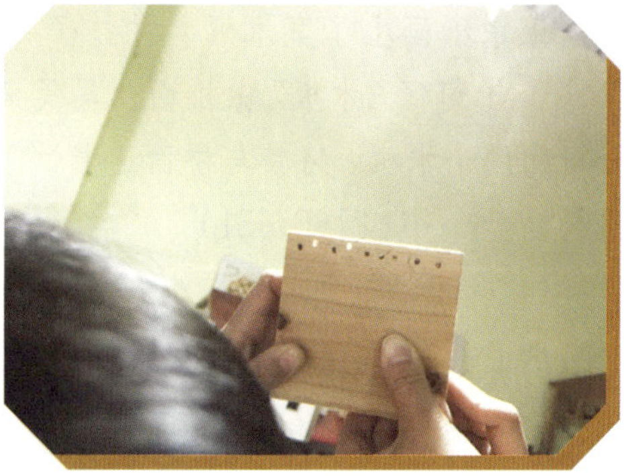

图 55　打好洞的木板

第三次尝试时，他们想出了办法，他们把第一块木板打好洞了，把其余的木板都拿来，做上记号。可是不久又一个问题出现了。“前面的几个洞洞都对得很准，为什么到最后几个就对不准了？”原来，对着“很小的标记点”用一个粗粗的电钻打，洞洞还是会移位的。在不断寻找标记物与钻头大小的过程中，他们用一张适合的活页笔记本纸做起了模板，在不断的失败和尝试中完成了“木板书”的制作。(图56～59)

图 56　用尺子测量标记

图 57　观察哪里出错

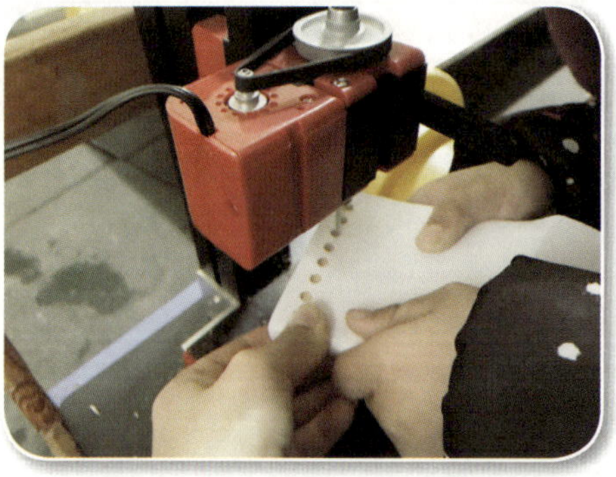

图 58　活页纸包好木板钻洞

图 59　穿线完成木头书

木工区内工作内容难度的增加使幼儿的经验呈直线递升，幼儿的作品也愈益生动，如生活类可以制作篮子、桌子、小凳子、木鞋、相框等；军事类可以制作望远镜、飞机、大炮、坦克、军舰、枪、剑等；公共设施类可以制作马路上的天桥、公园里的凉亭、指示牌等；动物类可以制作狗、牛、羊、老虎、蛇、狮子等；体育类可以制作滑板、推车、滑滑梯等；工具类可制作钉耙、风车等。当然，木工区活动最大的出发点不是数量可观的作品，而是幼儿在课程中表现出的合作意识、浓厚的兴趣、坚韧不拔的毅力与勇敢无畏的精神。

木工区的核心元素是“木”，教师可以紧扣“木”元素，邀请幼儿一起将本园及本地区树木种类进行梳理，制作园内“树木档案”，鼓励幼儿和家长选择一种树木，用自己喜欢的方式开展跟踪观察活动，彼此分享该树木的名称，以及发芽、长叶和开花等情况。园内组织木质切片欣赏、用途搜索等活动，拓展幼儿对“木”的认知。

四、支持木工区活动开展的有效策略

幼儿在木工区个个“眼睛发亮”，根本不用教师引导，他们就能够自发找到“中意的活儿”。在这种兴趣驱使下，教师更应该做个有心人，根据幼儿的年龄特征、已有经验和发展需求合理追随幼儿的需求与发展。

1 情境订单策略：激活幼儿内驱力

木工活动源于生活，其开展更需要个体的兴趣和坚持力，教师可根据幼儿原有的生活经验，创设一定的情境，促进幼儿主动游戏，发展幼儿的自主性。如我们平时在园都会遇到桌子或椅子损坏的现象，可以拿到木工区请幼儿修理，或通过提出某区域需要的或是生活中的一些物品来请幼儿帮忙制作等情境需求，让幼儿自发地生成新的木工挑战。当幼儿有畏难、不愿坚持等表现时，园内还可投放“木工订购单”“维修服务单”等，供有需要的幼儿、班级在木工坊开展预约订货或开展上门服务项目等，激活幼儿内驱力。

案例：凳子站起来（中班）

“孩子们，今天小三班的老师打电话给我说，他们的娃娃家需要小凳子，你们能帮帮他们吗？”瑞瑞说：“当然能了，我们一定能做出来。”

幼儿从自己的设计图纸中发现制作凳子需要一块大板子和四个脚，还有四根把脚连起来的横档，于是他们很快找到了所需的材料，开始工作起来。（图60～62）

瑞瑞把凳子放在地上，试图让凳子站起来，但是，凳子很快就倒了下来，他又再次尝试，还是没有成功。瑞瑞：“老师，我的凳子为什么老是倒呀？”老师拿来一张小椅子放在地上说:“你仔细看看，你的凳子腿和这个椅子腿有什么不一样的地方?”他歪着脑袋看了又看，然后恍然大悟，说:“哦，我知道了，它的腿是竖着钉上去的，老师，你帮我拆了，我重新装。”(图63)

图60　设计图纸

图61　修改图纸

随后他们又发现横档正好和凳脚之间的宽度一样，可是怎么不好钉钉子呢?他们不断修改图纸、进行尝试，最后终于成功了。(图64~65)

图62　找来方形凳面

图63　安装四条凳腿

图64　安装横档

图65　制作完成

2 观察表征策略：激活探究原动力

木工活动中，教师可以通过提供参照物、一些成品或半成品，让幼儿在欣赏中产生创意动力，乐意去观察生活中的物体。教师还可适当引导幼儿说一说这个物体的特征、结构、组成原件等，从而让幼儿产生木工创想，主动深入探究学习。教师可以支持幼儿用表征的方式表达自己观察所得或下一步创意的想法。

案例：我也想做一个小凳子（大班）

木工区内幼儿发现一张奇怪的木凳子，特别有趣，他们一边看，一边跃跃欲

图66　奇怪的木凳子

图67　凳子是立体交叉结构

图68　凳子的组成原件

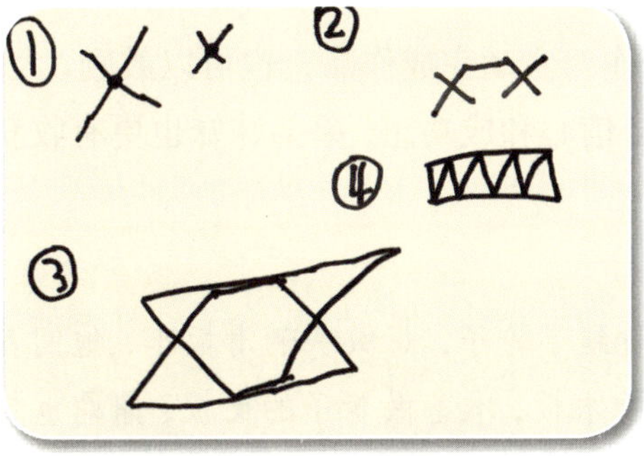

图69　凳子的制作步骤图纸

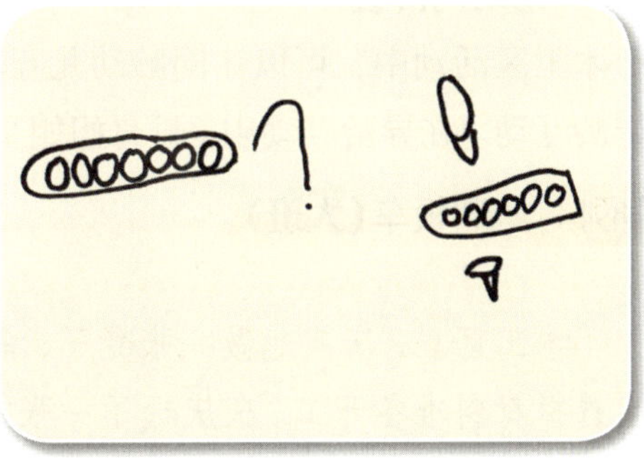

图70　木条需打洞后串线

试，想尝试做一做这个小凳子。于是，老师就带着他们一起观察这个凳子是由哪些原件组成的，它的结构是什么样的。他们在观察后发现这个凳子是立体交叉的结构，它是由一根绳子、四根短木条、四根长木条组成的，随后幼儿进行表征，记录自己的已知经验，并自己设计了一张凳子的制作步骤图纸。(图66～72)

图71　凳子制作设计图(一)

图72　凳子制作设计图(二)

教师可引导幼儿在对比中产生认知冲突。幼儿的作品是一种表征符号，反映了幼儿对事物的认知水平。通过对比，幼儿更容易发现事物的明显特征。我们通常让幼儿对比自己的作品和成人的作品，在具体形象的对比中激发幼儿认知上的不平衡，从而清晰地发现现有作品中可以改进的问题，计划下一步的行动。

3 多元互助策略：激活经验生长点

幼儿在木工活动中经常会有意想不到的交流与想法，我们要善于观察分析幼儿对活动内容是否感兴趣，以及他们的已有经验、未知问题和最近挑战区，做好观察者、引导者和支持者。教师与幼儿、幼儿与幼儿互动，帮助幼儿不断获得经验、重组经验、产生更深入的经验获得需求。面对不同年龄段幼儿在木工区的探索，教师更要结合其身心发展特点，选择符合其现状的互动方式来鼓励其主动习得木工探究经验。

(1)幼幼同龄或异龄互动策略

木工区活动中，可以让同龄幼儿互相合作，主动完成作品，也可以鼓励“大带小”的异龄互动。在异龄互动中，哥哥姐姐更有自信心和成功感，弟弟妹妹也更有收获感。

案例：滑板车(大班)

木工区里，庆庆想做一张凳子，鼎鼎看到了轮子，想做一辆滑板车，他们各自去选择材料准备开工。庆庆选了一张方形的木板，准备做凳子的面板，鼎鼎也想选这样一张木板去做滑板车的底座。庆庆说：“不行，这个板子做滑板车太小了，一个人都坐不下。”鼎鼎一听，连忙奔向了更大的木板区，庆庆也跟了过去，他们挑选出不同的木板，先是一个人在上面坐着试了试，接着又两个人在更大的木板上试了试。鼎鼎说：“我就用这个大一些的，可以坐两个人。”庆庆也同意了，可是木板太大，鼎鼎一个人搬不到轮子上去。鼎鼎对庆庆说：“你帮我先做滑板车，然后我们再一起做凳子，做好的凳子还能放到滑板车上当椅子呢！”庆庆连忙说：“好啊。”（图73～74）

图73　教师观察并参与讨论

图74　滑板车

案例：木头人（中班和大班）

大班的鑫鑫哥哥和中班的婉婉妹妹一起制作同伴游戏中需要的“木头人”，哥哥有主见、力气也大，妹妹喜欢点缀与装饰，是个得力小助手，他俩配合得好默契。（图75～80）

图75　找到制作木头人的材料

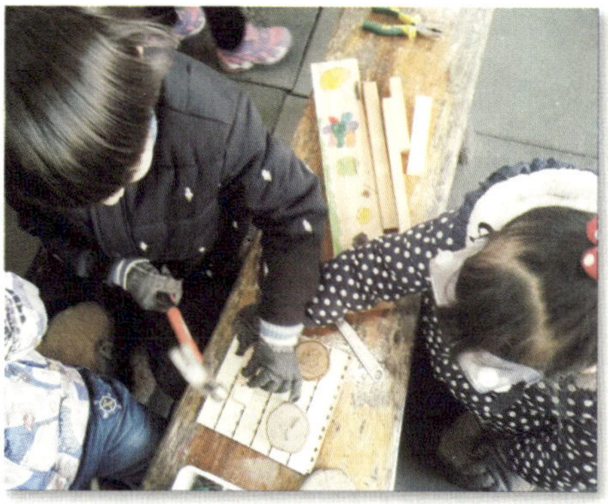

图76　制作木头人的头

图77　连接头和身体

图78　安装木头人的手臂

图79　安装木头人的脚

图80　木头人制作完成

（2）师幼或家园互动策略

教师的介入指导不是包办代替，也不是指定安排幼儿做某一件事情，而是在对幼儿观察了解的基础上，从幼儿的视角出发，给予适时的支持、帮助与引导，推动与促进幼儿的学习与发展。为了延展幼儿的经验，教师还可以邀请家长、木工师傅来园陪伴幼儿，共同创作。

案例：　栅栏（大班）

木工区内，昊昊正在对着自己的“护栏”设计图进行制作，他不停地摆弄每根木条与连接的横框之间的距离，不断调整着，交流着。教师一直在观察、思考他为什么要做护栏，做了护栏有什么用，他是怎么做的。昊昊做完后，还对护栏进行了装饰。此时，他跑过来问老师：“能不能把护栏围到种植园去？”我问他“为什么”，他说他想给种植园做护栏，这样可以保护植物，不被踩到。教师点点头，并询问道："除了你设计的这款栅栏，还有什么样式的木栅栏呢？"适宜的观察与互动，激发起昊昊产生更多的想法，他拍着脑袋说："我想起来了，我奶奶、外婆家菜地里的栅栏不一样。"带着思考，他又回去与家长一起观察思考，并邀请家长一起来园陆续展开了倒三角栅栏、两头插入式栅栏的尝试，在观察、测量与操作中获得了更多的经验。(图81～84)

图81　测量

图82　教师观察互动

图83　在家里，与家长共同创作

图84　家长来园，亲子共同创作

为了满足幼儿挑战自我的需求，教师还可以和幼儿一起展开更多的木工活动。例如：参观木料场和木料商店、投放新材料、激发创作灵感、记录幼儿木工活动的过程、鼓励幼儿设计计划和制作自己创作的作品、协助幼儿完成作品、讨论与学习新的词汇、提供合适的木工层次活动、往泡沫塑料里钉入平头钉、锯开一段泡沫塑料、通过使用木材胶水来制作雕塑、打磨一块木材、将提前安置好的钉子钉入木板、用大些的轮子制作滑板车等。

总之，幼儿园木工活动有益于幼儿各个方面的发展。儿童进行木工活动时，能锻炼和提高手眼协调能力、大小肌肉动作技能、数学技能（测量、一一对应和角度）以及科学技能（材料的属性和工具的使用）等，能培养幼儿的创造能力和工匠精神，提升美学素养，促进幼儿学习能力和学习品质的同步提升。在木工活动中，幼儿的身体和心灵得到释放，意志力得到锻炼。木工活动满足他们心灵与情感的需求，激发幼儿相互协作的精神，增强幼儿自信心，帮助幼儿获得多元能力的发展。

小骑行 大天地

户外骑行区环境创设

江苏省丹阳市正则幼儿园 潘云霞 邹素花 撰写

XIAO QI XING DA TIAN DI

“骑行”是幼儿非常喜欢的一项户外活动，在骑行的过程中，幼儿能够充分体验骑行带来的快乐，满足身体、情感上的需要。创设适宜的“骑行区”环境，不但可以增加骑行的趣味，最重要的是可以让幼儿在有准备的环境中创造性地开展游戏，将“骑行”游戏化，将“生活”游戏化。游戏过程中，幼儿自主交往、自主商量合作、自主分配角色、自主规划骑行路线……

一、满足儿童需要的骑行区区域划分

骑行区的划分可根据幼儿园场地自主安排，一般可位于宽敞开阔的平地或稍有起伏的地段，附近还要有可供休息的区域，有大树的树荫或者是搭建的阴凉处。依据幼儿园空间大小，骑行区一般有四个最基本的区域：用于停放各种小车的停车区、便于幼儿自由骑车的开放性骑车区、供幼儿骑车间隙可以放松与喝水的休息区、用来存放各种材料的资源区。另外，如果幼儿园空间较宽畅，幼儿在深度学习的过程中，可以依据游戏情节的需要和自身已有的生活经验，自主运用材料，自由创设情境，如加油站、洗车区、修理区等。对骑行区的基础性设施设置建议如下：

1 停放各种小车的停车区，可以设置在室内、走廊或者是户外。(图1～2)

图1　停车区(一)

图2　停车区(二)

图3　人工草坪

图4　塑胶跑道

2 幼儿自由骑行的骑行区：有一定硬度的平地、软软的草坪、塑胶地、石子路、小坡道、沙地……如果是雨天，也可以在宽敞的走道上进行骑行。（图3～8）

图5　硬地跑道

图6　小山坡

图7　鹅卵石跑道

图8　小坡道

3 便于幼儿丰富游戏情节的资源区：存放各种方便幼儿取放的材料。（图9～10）

图9　资源区（一）

图10　资源区（二）

4 休息区：供幼儿休息的小桌子、小椅子、遮阴防晒的大树或凉棚。（图 11）

图 11　休息区

二、支持儿童操作的骑行区资源准备

骑行区小车可根据不同年龄段、不同车型以及游戏者的不同水平、不同选择进行有序投放，同时辅助性的材料也可以根据幼儿开展不同的游戏情节、兴趣等进行选择投放，鼓励幼儿一物多用，并尝试使用替代物。

骑行区资源准备可分为以下几种。

1 基础性设备：适合不同年龄幼儿骑行的车辆，如独轮车、三轮车、小推车、小拖车、踏板车、滑板车、扭扭车……（图 12～17）

图 12　三轮小车（高）

图 13　三轮小车（矮）

图 14　三轮组合小车

图 15　滑板车

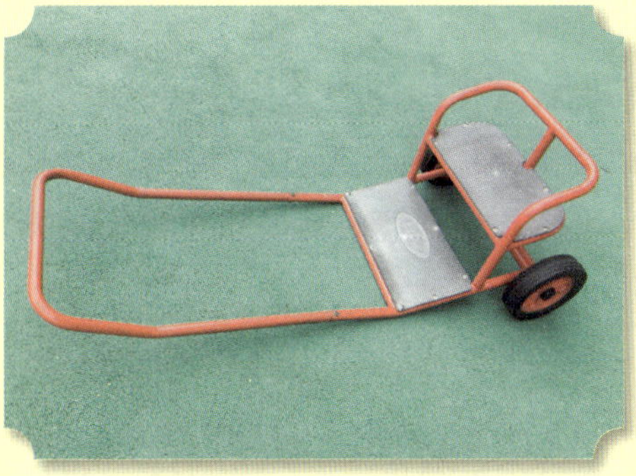

图16　二轮人拉车

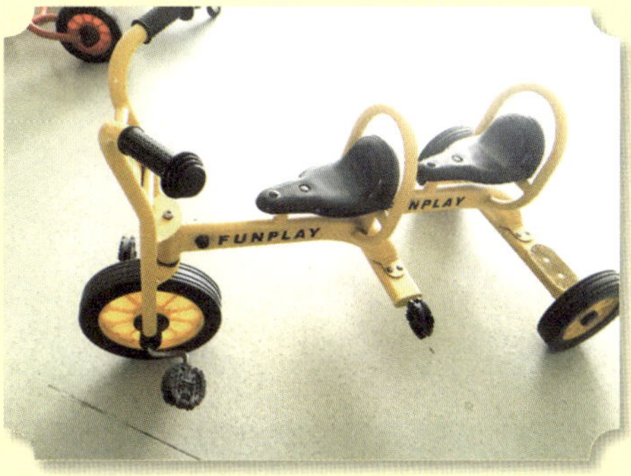

图17　双人小车

2 辅助性设备：便于户外骑行的马路交通标志，如红绿灯、禁止通行、直行、禁止掉头、禁止停车……（图18）

图18　交通标志

3 角色扮演材料：各种职业服装、头饰、胸牌……（图19～20）

4 防护性材料：安全防护的头盔、手套等物品。（图21～22）

5 其他材料：纸、笔、路线图、各种可以固定的绳子、积木、垫子、地板、PVC管、纸筒、拱形门、擦汗的毛巾、喝水的水杯以及放置这些物品的、可随时移动的推车。（图23～28）

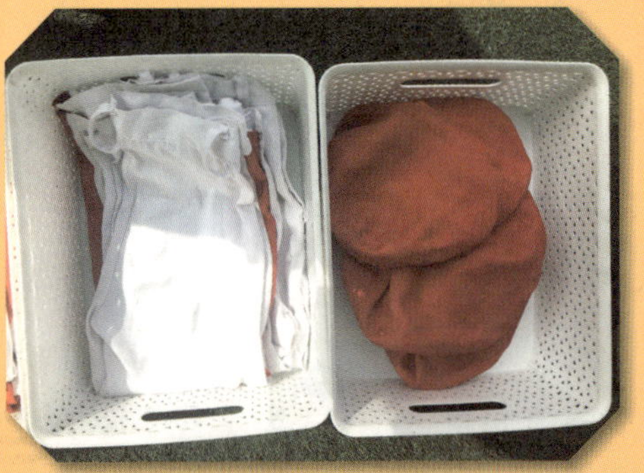

图19 职业服装（一）

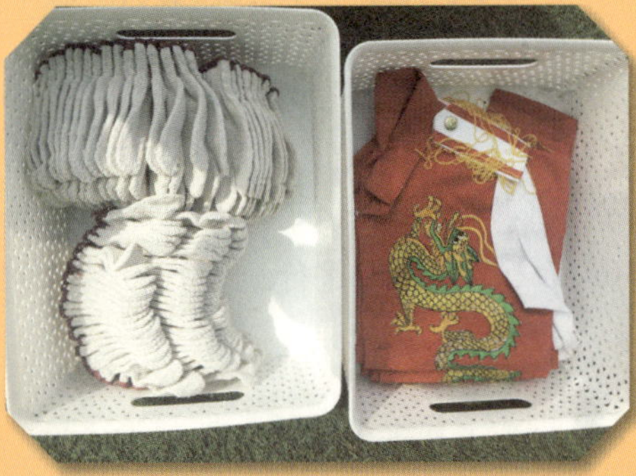

图20 职业服装（二）

图21 安全帽

图22 白手套

图23 垫子

图24 纸筒

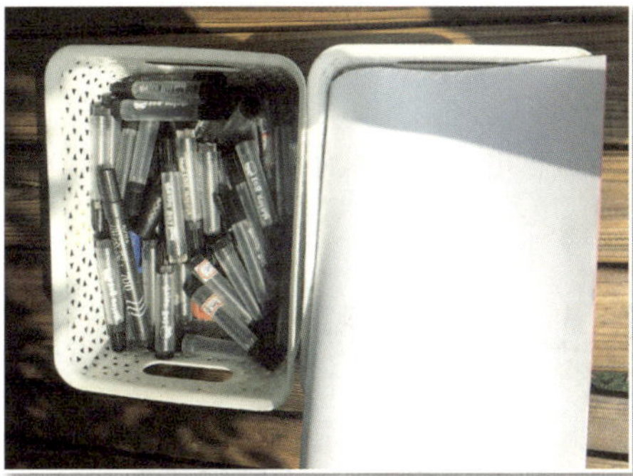

图25 纸、笔

图26 积木块

图27 擦汗毛巾

图28 移动推车

有条件的幼儿园可以用雨棚或者有挡雨功能的雨布安置车辆和交通标志。角色扮演材料和辅助性材料需要用防水的收纳盒进行收藏。辅助性材料的选择多为防水的废旧材料和自然材料，幼儿根据游戏的需要进行替代和想象。毛巾和饮用水的提供必不可少，尤其是在天气炎热或剧烈运动的情况下，可备两块毛巾，一块事先垫在幼儿的背部，另一块方便幼儿休息时擦汗。游戏的时间、间隔的次数也可以根据运动量和天气炎热程度进行适当调整。

另外，所有材料无须一次性到位，可以根据幼儿的年龄、能力发展、生活经验、兴趣以及游戏情境的需要，不断丰富并逐步投放，以支持幼儿的深度游戏。

三、适合儿童参与的骑行区内容选择

骑行可以帮助幼儿提高身体技能、协调性、肌肉力量和空间感知能力，同时，在骑行的过程中，幼儿可以相互合作、追逐、探险、挑战等。因此，除了技能技巧的灵活协调之外，幼儿可以利用多元空间（平地、坡地、摩擦力不一的地面等）、多种材料增加骑行活动的趣味性和挑战性，感受在骑行过程中探索、体验的乐趣，并借助生活经验，自主迁移运用其他游戏情节，开展单人游戏、双人游戏、多人游戏等，不断丰富游戏的内容，玩出趣味、玩出创意。

1 赛车游戏

赛车游戏一：幼儿选择自己喜欢的车辆，在平地上进行骑行、追逐的游戏。（图29～30）

图29 骑行比赛

图30 平地骑行

赛车游戏二：幼儿选择同一类型或不同类型的车辆，同时选择同样质地的区域进行比赛，如同时骑行一段石子路，看看谁先抵达终点。（图31～32）

图31 石子路骑行

图32 小山坡骑行

赛车游戏三：幼儿相互配合，进行载人或载物比赛，看谁先运送完。（图33～34）

图33 载人游戏（一）

图34 载人游戏（二）

② 穿越游戏

穿越游戏一：搭建或利用一组或几组拱形门，幼儿骑车依次穿越拱形门。

穿越游戏二：利用垫子或篱笆做成遮挡式的迷宫，幼儿骑车穿越迷宫，最后顺利找到出口，获得成功。（图35～36）

穿越游戏三：幼儿将各种积木、绳子、纸筒等设置成障碍后，骑车穿越障碍物，到达终点。（图37～38）

幼儿可根据材料进行搭建，将场地布置成难易程度不一的迷宫或障碍区，通过感受空间方位，尝试挑战自我，最终取得胜利，体验成功的喜悦。

图35　穿越迷宫（一）

图36　穿越迷宫（二）

图37　穿越障碍（一）

图38　穿越障碍（二）

③ 角色扮演

角色扮演的游戏形式在户外骑行游戏中也是很常见的。幼儿会迁移运用各自的生

图39　交警游戏

活经验，在骑行游戏中运用材料开展各种角色游戏，如开展超市买菜、公交车接送客人、售票员、快递服务、运送货物、救护车、消防灭火等，幼儿沉浸在自己的游戏中，体验不同的角色和身份，想象各种与生活经验相关的游戏情节，玩得不亦乐乎。

角色扮演一：利用各种交通标志，将场地布置成马路场景，幼儿开展交警在马路上指挥交通的游戏，在交警的指挥下，幼儿骑着车辆一一通行。（图39）

角色扮演二：幼儿开展停车收费、洗车、卖车、给车加油、小小超市运送货物等游戏。（图40～41）

图40　到加油站加油

图41　开到停车场

4 探索游戏

在骑行过程中，许多生动有趣的现象吸引着幼儿在游戏中进行探究，例如探索在不同质地的材料上，以及在不同摩擦力、不同坡度的场地上骑行时，骑车的速度会发生怎样的变化等等。这样的探索活动是幼儿在骑行的过程中与材料互动时随机、自主发生的，带有很大的偶发性。教师应当多提供这些材料，给予幼儿时间，鼓励幼儿生发出更多这样的探索机会。例如，幼儿在穿越迷宫时发现，小的垫子很容易被车碰撞倒下，而大的垫子由于很厚实，不会轻易被车碰倒。再例如，通过比较，幼儿发现，在厚厚的大垫子上骑行很困难，而在小垫子上骑行却相对容易，同时速度也快一些。（图42～43）

图42 骑行中的探索

图43 骑行中的探索

四、支持骑行区活动开展的有效策略

1 掌握骑行能力

骑行区的小车丰富多样，适合不同年龄段、不同能力的幼儿开展骑行活动。幼儿在尽情骑行中反复探索与尝试，掌握不同车辆的骑行技能与动作要领，达到动作灵活协调的发展目标。而教师要做的则是及时和幼儿一起分享交流、总结提炼，并保证充足的游戏时间和空间，为幼儿后续的深入探究提供可能。

2 制订骑行计划

图44 设计交通线路

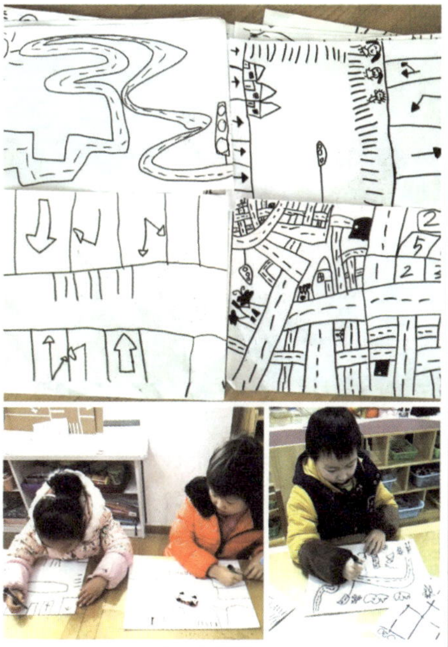

图45 我的线路图

幼儿商量制订自己的骑行计划，计划包括想在哪里骑行，怎么骑，打算使用哪些材料等。他们自由选择同伴，商量角色。在自发骑行游戏中，幼儿能勇敢探索、协商合作、相互鼓励、克服困难，在这个过程中他们能建立一定的规则和秩序，获得深入游戏的积极性和坚持性。（图44～45）

3 同伴自主合作

幼儿合作交往是促进幼儿社会化的重要方面，也是实现幼儿社会化不可缺少的途径。正如一位美国儿童专家所指出的："一个人与同事、家人及熟悉的人们如何相处，往往取决于他童年是如何与其他小朋友相处的。"而我们的骑行游戏很多时候需要两个或多个幼儿共同合作完成。他们可以在相互讨论中，制订新的游戏方案，生发新的游戏情节。例如，骑车带人、马路交通等游戏都需要两个或多个幼儿共同参与开展。

案例： 加油站（中班）

璐璐和一诺一起骑一辆双人车，小文骑一辆单人车。不一会儿，两辆车遇到了，小文提出玩给车子加油的游戏，璐璐和一诺立刻同意了，他们商量着游戏的分工，决定由小文做加油站的工作人员，璐璐和一诺做司机和乘客。于是，小文朝连廊处骑去，搬出一些交通标志牌随意摆放在操场上，把加油站的标志牌放在连廊入口处。璐璐和一诺开始沿着交通标志的指示骑行，骑到红绿灯处，小文用手指着红灯并做出停止的动作，倒数十秒后指向绿灯。璐璐按照交通标志牌依次往前骑行，终于来到了加油站。璐璐停好车，从口袋里掏出一张卡，在加油的标志牌上

图46 依照标志骑行

图47 加油

“嘀”的靠了一下，她告诉小文，加油站的工作人员是用加油枪加油的，所以要找一个合适的管子做加油枪。三个小朋友又来到材料框寻找起来，璐璐拿出一个方方的快递纸盒，小文找到了一根长长的水管，一诺发现了一个圆圆的瓶盖。他们来到小车前，一诺把瓶盖靠在小车左侧的轮子上，璐璐把水管按在纸盒上，示意小文可以给车子加油啦。这时，又有其他小朋友骑车来到了加油站，排队等着加油呢！幼儿在骑车的时候利用适合的材料和道具，不由自主地玩起了角色游戏。幼儿对游戏材料的想象与使用使幼儿在骑行区也能相互合作，分享经验；同伴的加入，使游戏的场景更加复杂，游戏方式从单一转变为自由、自主、开放，吸引幼儿积极参与游戏。（图46～47）

4 体验科学探索

探索是幼儿学习知识、发展能力的必要途径。骑行游戏过程中也往往隐含着许多科学探究的契机，它既能满足幼儿动手和交往的需要，又充满着新奇和刺激。

案例：影子（大班）

苗苗等几个小朋友在阳光下和阴影处骑行时，很意外地发现，影子会不断出现和消失，于是，他们反复在阳光下和阴影处不断地绕圈骑行，体验影子一会儿出现、一会儿又消失的变化。几分钟后，他们开始尝试在骑行的过程中让影子也排好队。但是同时，他们也发现，只要骑行开始拐弯时，自己的影子就有了变化，一会儿在右一会儿在左。于是，他们又开始讨论如何让自己的影子躲起来，他们发现除了可以躲到阴影处以外，让自己的影子和别人的影子重叠起来，也能达到让自己的影子躲起来的目标。（图48～49）

图48　发现影子出现和消失的秘密

图49　尝试影子排队

游戏中，幼儿在骑行的过程中偶然发现影子的秘密，接下来一系列关于影子的探秘活动就开始了，游戏的趣味性和主动性被大大激发。

5 丰富游戏经验

幼儿对材料的操作往往与幼儿已有生活经验有密切的关系，生活经验越丰富，知识技能越充分，幼儿的游戏形式就越丰富，在游戏中主动性、创造性也就越大。为使游戏更具趣味性、持久性、丰富性，小组分享时，我们可以和幼儿一起讨论、回顾、分享生活中的一些经验。

案例：交警（大班）

在一次生成的角色游戏中，浩浩、小璐、凯文三位小朋友来到骑行区，他们自主商量决定玩交警的游戏，并且分配了角色，浩浩扮演小交警，小璐和凯文扮演路上骑车的人。浩浩在路上放了一些交通标志，有限速的、禁止左拐的、直行的标志，还有人行横道的标志。浩浩向小璐和凯文介绍这些标志牌的作用，并和小伙伴们约定，如果违反了规则就要扣分、罚款。商量好规则之后，小璐和凯文分别骑

图50　违反交通规则

图51　贴罚单

图52　户外实践

图53　分享经验

了一辆小车过来，浩浩笔直地站在路的中间，小璐在浩浩前面绕着圈骑行，凯文在后面追小璐，两个小伙伴玩得正开心，他们越骑越快。浩浩突然走上去拦住了凯文，开了一张“罚单”贴在凯文的车头上，并告诉凯文这里有限速标志，他的速度超过60码了，要扣分。凯文接过罚单继续向前骑行，骑到人行横道标志前他停了下来，左看右看，确定没有人了再继续往前骑。小璐骑得满头是汗，她把车往路中间一停，然后跑到花坛旁去喝水。浩浩走到小璐的车前又贴了一张“罚单”，小璐看到了急忙跑过去，浩浩告诉小璐马路中间不能随便停车，这样违反了交通规则，小璐把罚单放进口袋里，把小车骑回了小车库里……幼儿将已有的生活经验非常形象地再现到自己的游戏中。(图50～53)

除此之外，会开车的人必须要取得驾照，要想取得驾照就必须进行考试，拿到驾照

图54　看交通类图书

图55　建构停车场

图56　探索坡度与车速的关系

图57　区域交通游戏

的司机不能违反交通规则，否则就要被扣分、罚款，遇到不认识的路可以使用路线图或者导航……这些经验都来自幼儿的日常生活。为了进一步帮助幼儿提升这些日常经验，教师可以投放更多的材料和道具，例如：警服、交通标志、驾驶证等，帮助幼儿再现生活经验。还可以引导幼儿自己设置场景、商讨各自所扮演的角色，将这些生活经验反馈出来，从而丰富幼儿的已有经验，提升幼儿的游戏兴趣和参与度。（图54～57）

5 增强安全意识

骑行游戏是一种具有挑战性的活动，游戏中有不可控的危险因素。因此，在游戏中，除了提供必要的保护措施，如头盔、护膝等，还需要结合实际和幼儿一起商量游戏规则，讨论注意事项等，例如：不在骑行区乱跑乱窜，骑行时要握紧小车把手，载人时乘客要扶稳小车或骑车人，认识各种交通标志，遵守交通规则，遇到危险及时求助等等。幼儿的安全是游戏可以进行的首要保证，只有游戏的安全性有保障，才能让游戏顺利地且持续开展下去。

6 雨天骑行游戏

幼儿非常喜欢骑行，他们并不会因为下雨就减少对骑行的渴望，相反，在雨天很多游戏材料受到局限的时候，他们对骑行更加渴望。那么幼儿在阴雨天也想骑行的时候，教师该如何提供支持呢？

案例：雨天骑小车（大班）

特别喜欢骑车的甜甜因为接连下雨，没有骑到自己心爱的小车。这天，大家在连廊里活动的时候，她看着小车沉默了好久，又看看长长的连廊对教师说：“陈老师，外面下雨，我们可以去连廊骑小车吗？”陈老师点头同意。于是甜甜约上两个同样想要骑车的小伙伴去连廊骑车，他们从停车区推出了自己喜欢的小车，开始在连廊里骑了起来。甜甜边骑边对好朋友说：“这里有点窄，我们要注意安全，只能一个跟着一个骑，不能骑得太快哦！”她们骑了几个来回后，就停了下来，甜甜说：“连廊里骑车只能骑着往前走，不能拐弯，也不能后退，我们去操场上骑吧，那里不是有雨衣吗？”说完指了指连廊尽头的雨衣柜。三个小朋友从雨衣柜里拿出雨披穿上，之后，推着自己喜欢的小车到操场上开始了他们雨天的骑车之旅。（图58～59）

图58 连廊骑行

图59 穿雨衣骑行

案例中，教师对幼儿提出来的走廊骑行表示支持，幼儿在教师的支持下，主动开展游戏，甚至提出穿雨衣到户外骑行的大胆想法，幼儿的需求得到了极大的满足，而教师要做的则是关注幼儿的游戏情况，在不需要介入的时候尽量做到不介入，给幼儿充分的自主性。

如果幼儿园没有供幼儿雨天活动的室内场所，就可以将骑行游戏安排在宽敞的过道或走廊上，同时适当减少游戏的人数，以防发生碰撞。

小运动 大成长

综合运动区环境创设

无锡市育红实验幼儿园 王 瑜 撰写

XIAO YUN DONG DA CHENG ZHANG

户外运动区是幼儿园必不可少的、促进幼儿身心健康发展的重要区域。区域设置的合理性、适宜性以及开放性，对于幼儿的运动兴趣及多种能力的培养都具有重要意义。户外运动区的创设需要立足幼儿的身心发展特点，从幼儿的兴趣和需要出发。运动区内提供的丰富多样的运动材料，要遵循幼儿运动规律，顺应幼儿运动特点，支持幼儿挑战和持续学习，满足幼儿体能、运动技能、情感等发展的需要。

一、满足儿童需要的综合运动区的划分

运动区的空间利用和区域划分，一般要根据幼儿园实际空间大小、场地分布状况、地面软硬程度，以及现有的草坪、大树、设施等情况而定。综合各类因素来考虑区域的功能和数量，如：软质的草地、塑胶地、沙地，硬质的水泥地、瓷砖地等，并分别根据位置、大小、周围设施等进行设置，既要满足幼儿走、跑、跳、钻、爬等动作技能发展需要，还要满足幼儿灵活、平衡、速度、耐力、力量等体能发展需要。根据运动的功能和材料类型，综合运动区一般可以划分为：宽敞的综合区、钻爬区域、攀爬区域、骑行区域、走跑区域、平衡区域、垂吊区域等。同一种功能的材料不一定集中在一个区域中，可以根据实际情况分散和穿插在各个区域里，使得每一个运动区域的功能都是多样化的，以及时满足幼儿的发展需要。运动区的基础性设施建议：

1 材料储存区

图1 材料储存区（一）

图2 材料储存区（二）

根据幼儿园场地设施及空间使用情况，储存区可以设置在幼儿园不同运动功能区内，一般包括用于遮挡的棚子、房子，以及储存材料的架子等。功能材料就近放置，在围墙四周搭棚防雨防晒，便于幼儿随时取放。（图1～4）

图3 材料储存区（三）

图4 材料储存区（四）

2 运动游戏区

功能不同的运动游戏区，其环境的设置和使用的材料也会各不相同。可以根据运动器材、运动类型、空间场地等要素来划分。

（1）场地宽大的软质地面综合运动区。综合运动区也可以划分为多个不同功能区。（图5～7）

图5 综合运动区（一）

图6 综合运动区（二）

图7 综合运动区（三）

图8 骑行区

（2）道路狭长、地质硬朗的骑行运动区。（图8）

图9　悬吊区

图10　平衡区

（3）泥地或者草地上的、向上架空的钻爬区。

（4）向上延伸的攀爬、悬吊区。（图9）

（5）发展平衡的平衡区。（图10）

（6）满足幼儿走跑、躲闪的跑道。

（7）满足幼儿跳跃的障碍区等。

二、支持儿童操作的运动区资源准备

运动区资源准备的种类、数量都要满足幼儿需求，材料在大小、材质、形状、功能上都应该有所区别，同时还要考虑幼儿上下肢、大小肌肉、速度、耐力、平衡、灵活，以及钻、爬、跑、跳、投等运动能力的发展。

图11　碳化积木

图12　钻圈

1　走的材料和设施：户外碳化积木、木桩、木板、跑道。（图11）

2 跑的材料和设施：软质跑道、接力棒、玩具枪、小红旗、球类、铁环。

3 跳的材料和设施：羊角球、呼啦圈、九宫格、油桶、地垫、竹梯、弹簧床、土坡、轮胎、跨栏架。

4 钻的材料和设施：钻爬网、水泥洞、钻桶、钻圈。（图12～13）

图13 钻网

图14 攀爬架

图15 绳索

图16 平衡桩

图17 车辆

图18 轮胎车

5 攀的材料和设施：攀爬网、攀爬屋、攀爬树、树屋、竹梯、攀岩墙、悬吊竹竿。（图14）

6 爬的材料和设施：地垫、钻爬网、钻爬桶。

7 投掷材料和设施：沙包、瓶子、飞盘、弹力球、皮球、投篮架。

8 踢的材料和设施：足球、足球网、沙包、弹力球。

9 平衡材料和设施：平衡板、平衡桩、陀螺、滚筒、油桶、轮胎、绳梯、绳索。（图15～16）

10 力量材料和设施：三轮车（载物）、拉力器、哑铃、吊杆。（图17）

11 协调性材料和设施：皮球、竹梯、套圈、跷跷板、滑板车、小推车。（图18）

12 综合性材料和设施：大型多功能玩具、淘气堡、户外组合架等。

三、适合儿童参与的运动区内容选择

运动区的内容选择和场地的大小、空间位置、地面材质，以及提供的材料都有着直接的关系。从某种意义上说，材料和场地在一定程度上决定了游戏的内容。场地大、材料多时，要让幼儿提前熟悉各个场地的基本情况，除了幼儿日常的各类活动在各个场地进行外，也可以师幼一起绘制场地材料示意图，以平面图的形式展示各个场域及材料，便于幼儿直接对应感知和迅速找到想玩的材料。同时，鼓励幼儿根据需要自己选材料进行游戏，结束后根据图示进行收纳和整理。

1 情景式运动游戏

运动之所以是游戏而不是单纯的运动技能训练，是因为运动的情境性和趣味性满足了幼儿自主游戏的需要。无论是哪一类的运动器械，幼儿在玩耍的过程中都会自我创设情境，为了实现某些情境目标而游戏。例如，骑行区中，幼儿的骑行并非单一地骑车，而是自我创设了马路、加油站、停车场等情境，分配了司机、交警等不同的角色。这样的情境式运动游戏，不仅锻炼了幼儿身体，也增加了游戏的趣味性，使幼儿获得了运动之外的多种能力的发展。

案例：骑行游戏（中班）

中班的幼儿在骑行区玩耍，他们有的从西向东，有的从东向西，不一会中间路段发生了交通阻塞现象，车辆无法前行。两个小交警发现情况及时赶到，询问事故原因，对扰乱秩序的人员进行询问记录，做出罚款处理，并将多余车辆移至停车处，从而使得道路顺畅通行。（图19～22）

图 19　场面混乱

图 20　交警出面

图 21　教育处罚

图 22　道路畅通

骑行区是幼儿喜爱的运动区之一，幼儿在骑行区内可以和相邻的区域进行互动，也可以全园漫游，这样可以使得骑车区里的人员和材料保持开放性和多变性。只要有足够的材料、足够的场地和足够的时间，幼儿就会倾情投入。幼儿可以在自己逐渐建立起来的规则中，在富有情境的环境中进行单人骑、双人骑、载物骑……幼儿在这里，不仅锻炼了身体，增加了四肢的力量，获得了锻炼机会，还较好地发展了社会性和情感。

2 技能式运动游戏

幼儿天生喜欢挑战，运动中的肢体动作对幼儿具有很大的挑战性，尤其是新技能的学习更具吸引力。跳绳、绕杆跑、拍球、踢毽子、推铁环、踢球等，都是幼儿喜欢的运动，这些运动让幼儿有更多的机会进行走、跑、跳、踢、投掷、躲闪、下滑、垂吊等动作技能的学习和练习。

案例：踢球（大班）

大班的多多、杰杰、熙熙和祯祯结伴玩踢足球的游戏，在做计划的过程中，大家商量认为游戏中需要一个球门，游戏规则是在踢球比赛中看谁踢进球门的球多。（图23）

到了户外场地，多多和伙伴尝试多次合作后，利用地垫拼搭好靠在墙边的球门。场地和材料准备好后，他们开始商量分工和玩法，多多说："大家轮流踢球，轮流当守门员。"幼儿都表示同意。游戏开始啦！杰杰首先当起了守门员，其他幼儿争抢着踢球，祯祯躲过杰杰的守门，第一个成功将球踢进球门……（图24～26）

图23　计划书

图24　搭建

图25　分工

图26　游戏

幼儿搭建的球门呈狭小的半封闭状，加上一个守门员，给精准踢进球门增加了挑战。幼儿在跑动、带球、躲闪的过程中，还要将球踢进球门。脚踢球射门的方位、力度、球与球门的距离等，都需要幼儿在不断练习中逐渐掌握。

3 体能式运动游戏

幼儿的体能包括灵活、平衡、速度、耐力、力量等运动素质表现出运动能力。运动游戏中隐含着大量的体能锻炼机会，在良好的环境刺激和不断地反复练习中，幼儿会逐步形成克服困难、敢于尝试、勇于挑战的运动精神和意志品质，形成积极、健康的生活态度，以及良好的个性特征等。

案例：荡竹竿（中班）

一组中班幼儿的游戏计划书里写着：今天我们要比赛荡竹竿，看谁先荡到最高处；赢的人可以得到奖杯和奖牌；游戏规则是一人玩一根竹竿、不能争抢竹竿、游戏时不能大声喧哗。幼儿的计划书中，人员、内容、玩法以及规则应有尽有。（图27）

游戏开始了，四名幼儿来到竹竿处，辰辰放开了自己的竹竿，走到前面面向其他三人说："那我来做裁判吧，你们都到台阶上去做好准备。"

等大家都准备好了，辰辰一只手举高说着："预备，开始！"第一轮比赛栋栋刚荡下来就脚落地了，辰辰马上告诉他他出局了，彤彤和杉杉进入下一轮比赛。第二轮比赛一开始，杉杉和彤彤一直没有一起荡下来，总是一前一后的荡，辰辰没法判断谁荡得高。"你们都去台阶上，一起荡下来。"辰辰对他们说。这样总算能看清楚了，辰辰走上前对彤彤说："这次是你赢了，你都荡到这里了。"一边说还一边用手比画高度。（图28）

图27　计划书

图28　辰辰裁判

图29　两次游戏计划书(一)

图30　两次游戏计划书(二)

随着游戏中幼儿经验的不断积累，他们的荡竹竿游戏也越来越具有挑战性，后来他们的计划书内容是：我们在竹竿上玩穿越鳄鱼谷游戏，要在竹竿上不能掉下来。(图29)再后来计划书的内容是：假装下面有鳄鱼，从竹竿上渡过小河。(图30)“在竹竿上不能掉下来”，就是看谁抱住竹竿坚持的时间长，是静态的耐力比拼。而“从竹竿上渡过小河”，不仅要能长时间坚持住，还要“渡过小河”，是耐力和臂力的“动态”比拼，技术难度和体能强度都大大增加。

这些增加了趣味性情节的运动，让幼儿在愉悦的氛围中主动锻炼，其耐力、臂力、平衡能力和协调能力等体能得到了良好的发展。

四、支持综合运动区活动开展的有效策略

对于运动区幼儿来说，安全永远是第一位的，但是并不能以安全的名义限制幼儿接受和尝试挑战的机会。教师应该在前期做好各种安全预想和过程中的防护工作，既要关注到幼儿实际发展水平，又要鼓励和支持幼儿敢于挑战和愿意尝试，并营造各种氛围和机会促进幼儿身体素质以及其他能力的多元发展。

1　尊重幼儿身心发展规律

运动不同于其他领域的活动，在某种程度上具有安全隐患，尤其是户外运动。安全隐患的存在一方面来自游戏设施，还有一方面来自运动的挑战性和幼儿实际能力之间

的差异。幼儿运动的安全尺度和幼儿的运动发展水平、心理素质、性格气质等多方面因素有关。教师需要了解每个幼儿的身心发展水平，合理把握每个幼儿的安全活动范围和安全尺度，既能最大限度地锻炼幼儿的技能，又能保护好幼儿的身体，使其免受运动伤害。

案例：钻网（中班）

中班幼儿嘟嘟第一次进入钻爬网，爬到高处时，他已经大汗淋漓，呼叫教师表示害怕，教师站在下方鼓励他继续向前，在教师的陪伴下，他胆战心惊地爬到出口。第二周，嘟嘟自己来挑战，虽然满头大汗、神色紧张，但是坚持自己爬到了出口，胜利的喜悦洋溢在脸上。第四周，他又来了，这次他默默地向前爬，虽然面部已经因紧张变红了，但是他没有退缩，而是坚持一点一点向前，最终到达第一个出口，他转身向后看看，笑了一下，又继续向前，向下一个出口爬去。（图 31～33）

图 31　第一次尝试

图 32　第二次尝试

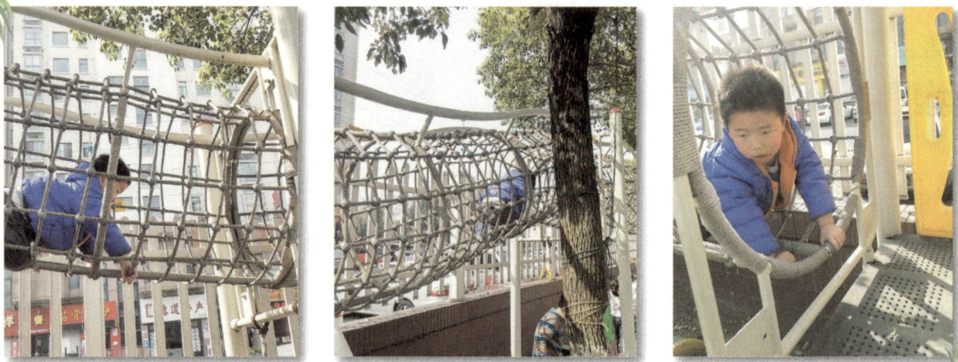
图33　第三次尝试

这个案例讲述的是一个中班幼儿三次进入钻爬网的经验和呈现出来的身体和心理发展适应水平的变化。这个案例让我们看到幼儿是有着强烈的安全适应界限和自我学习渴望的，他们在努力尝试中不断扩大自己的心理安全适应范围，最终战胜了恐惧心理，挑战了心理的适应范围，获得了极大的安全满足感。

每个幼儿都有自己的发展速度和发展节奏，教师要关注幼儿的身体和心理发展水平及接受能力，允许、包容和理解幼儿的自我调节和调整，陪伴、鼓励幼儿，静静地等待幼儿的成长变化。

2 提供不同年龄段幼儿混龄运动机会

户外的大空间里，幼儿是自由和自主的，但是也存在着低效或者原水平打转的现象，而不同年龄段的幼儿混龄玩就大大改变了这样的现状。年长的幼儿会主动帮助和教授年龄较小的幼儿，年龄较小的幼儿也会主动向年长的幼儿寻求帮助。混龄运动为幼儿有效学习提供了更便捷、多样的机会。

案例：吊环（小班）

一名小班幼儿站在吊环边，观看大班姐姐是怎么玩吊环的，随后他就学着姐姐的样子，脚踩在轮胎上，手拉着吊环向前走。下一个吊环有些高，他尝试了多次也拉不到，于是，他找来一个轮胎垫在脚下，终于拉到吊环了。（图34～36）

图 34　看姐姐玩吊环

图 35　尝试模仿

图 36　因拉不到吊环而尝试解决

案例：高楼（大班）

几名幼儿用滚筒、轮胎和竹梯搭了一个高高的塔，一名男孩（大班）把梯子架好并确认稳定后再向上爬。他爬到上面遇到一女孩（小班），女孩怯怯地说：“我不敢下去。”男孩告诉她：“没事的，我扶着呢，你慢慢下。”女孩子“嗯”了一声，慢慢从另一侧退着下去了。（图37～40）

图37　搭建高塔

图38　爬高塔

图39　女孩遇到困难

图40　男孩帮助解决

户外混龄运动中，不同年龄幼儿在一起活动，能力的差异显而易见。异龄幼儿之间的帮助和求助是自然而然发生的，是一种潜意识的互动行为。它为互动中的每一个幼儿提供了不一样的学习机会，其中蕴藏着关心与爱护、学习与教授、责任与担当，以及良好的学习氛围和学习效果，对于幼儿的学习与发展都具有不可替代的作用。

3 满足不同发展水平幼儿的需求

户外运动区一般都是开放性的，不同年龄的幼儿都会同时使用到同一种设施和材料，如何满足不同发展水平幼儿的需要，就需要教师在考虑材料的丰富性的同时，还要考虑材料的层次性，设置不一样的阶梯难度，满足不同发展水平幼儿的需要。

案例：爬软梯（小班）

小班幼儿冉冉在爬软梯，只见她双手握住与视线高度相同的梯子，身体侧对软梯，一只脚跨在软梯第一档上，第二只脚却怎么也抬不上来，尝试了多次未果。于是，她调整了姿势，双臂搭在等高的软梯上，上身压了上去，身体的重心几乎全部在胸部，这时她双脚抬起来放在了软梯第一档上，可是只能缩着身体来回晃动。这时候，一个男孩走过来，手脚并用爬上软梯，转身告诉冉冉："看到了吗？跟我这样爬。"冉冉点点头，再次抬脚爬，可是还是只能在第一阶梯上。（图41～45）

图41　冉冉爬软梯（一）

图42　冉冉爬软梯（二）

图43　男孩示范

图44　冉冉学习

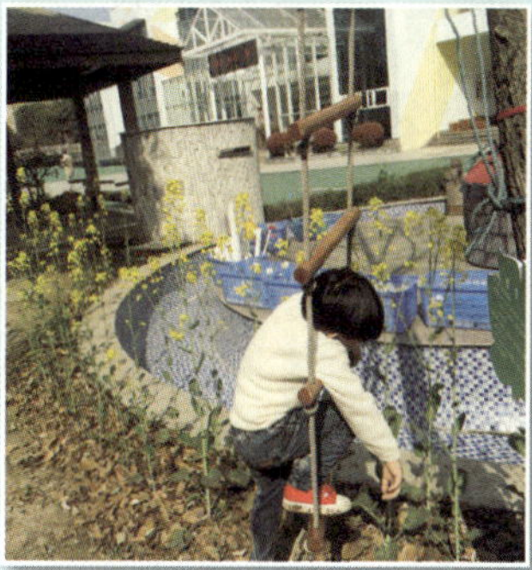

图45　冉冉自己尝试

冉冉爬不上软梯，是因为身体动作的协调性不强，平衡能力欠缺。身体动作的发展是一个循序渐进的过程，需要幼儿在反复练习中逐渐掌握和内化，不可能通过一次的"学"就掌握。于是，幼儿一起讨论："想怎么玩？能怎么玩？怎样更好玩？"幼儿的意见和建议成为后期调整材料的直接依据。教师在软梯的不同高度，分别挂上可以一碰就响的铃铛，只要幼儿通过努力触及自己的目标铃铛就算挑战成功，这样挂有铃铛的软梯就可以满足不同发展水平幼儿的发展需要。

幼儿的运动能力和水平各不相同，教师只有提供丰富多样的、具有层次性的材料，为不同发展水平幼儿提供最适宜的支持，才能满足幼儿个性化发展需要。

4 支持幼儿同一材料多种玩法

低结构、一物多玩是户外运动区添置材料的原则之一，同一种材料在教师的允许与支持下，也可以有多种玩法，从而最大化为幼儿的发展服务。

案例：闯关大挑战（大班）

中班的阳阳把两个陀螺翻过来卡在地上，然后从一个陀螺上跳到另一个陀螺上。其其和几位小朋友看见了，也把另外几个陀螺一样摆好，并在中间穿插了滚筒。幼儿排着队有秩序地开始玩起来。小雅从滚筒上爬过去，欣欣从滚筒上跨过去，虎头贴着滚筒滚过去，其其直接从滚筒上跳过去，欣欣把滚筒竖过来放，从滚筒里钻过去。这时，其其说："谁的手和脚碰到地面，挑战就失败了，要重新来。"大家在新规则的约束下，需要管好自己的手脚，利用爬、跳、钻、跨等高难度的动作闯关。幼儿的兴趣越来越浓，以至于收玩具的时候，其其还说："明天我还想玩这个。"（图46～47）

图46　陀螺和滚筒连起来

滚筒和陀螺都有自己固定的玩法，但是很多时候，会出现许多意想不到的新玩法。此案例中的幼儿改变了滚筒和陀螺一贯的玩法，将它们创造性地加以使用，形成了集趣味性、技能性、挑战性于一体的综合性运动游戏。一物多玩，让材料焕发出蓬勃生机，也让幼儿具有了更加开放的思维和无限创造的可能。

图47 闯关游戏

5 给予幼儿发现并解决问题的机会

户外运动是幼儿的学习场，在这个开放式的学习场中，幼儿在与材料、同伴自主互动的过程中，会出现很多问题和困难，而这些问题和困难恰恰就是幼儿有效学习的机会，教师需要做一个等待者、观察者和支持者，等一等、看一看，把学习的机会给予幼儿自己。

案例：滚动的油桶（中班）

中班的几名幼儿来到操场，一名幼儿把几个油桶放倒，另外几名幼儿搬来了竹梯搭在油桶上，油桶用完了，幼儿又搬来木头架子，继续放上梯子，形成了一道长长的竹梯天桥。当林林爬上梯子时，油桶滚动了，林林随机钻到竹梯下面，接着就对竹梯和滚筒进行创新调整，他拿来了几个轮胎放在油桶的两侧，林林再次爬上竹梯用力踩踩后继续游戏。（图48～49）

幼儿在搭建天桥的过程中，发现了油桶前后滚动的问题后，自己想办法解决。他们找来了小轮胎分别放置在油桶的两侧，有效防止了油桶的滚动，接着继续游戏。在这个过程中，教师是一个旁观者，观察幼儿是否可以解决这个问题，结果发现幼儿自己想办法解决了这个问题。幼儿游戏的过程就是不断学习的过程，也是一个不断解决问题获得新经验的过程，教师放手将游戏自主权给幼儿，让幼儿有机会在遇到问题和困难时不断成长。

图48　搭建天桥

图49　稳定并完成搭建

6 提供多样化低结构材料

为了增加户外运动区的可变性、趣味性和挑战性，低结构的材料必不可少。幼儿在游戏过程中可以展开各种想象，以物代物，创造性地开展游戏，低结构的材料可以使运动游戏具有无限的可能性。

纸箱、纸盒、纸筒、泡沫盒、PVC管、军帽、水桶、小旗子，以及木棍、竹竿、夹板等废旧材料，作为辅助材料投放在运动材料区，给幼儿随意使用，这些废旧材料往往特别受幼儿钟爱，他们常用这些材料开展丰富多样的富有创造性的活动。下面这个案例就是一组大班幼儿开展的枪战游戏。

案例：枪战对垒（大班）

一组大班幼儿计划玩枪战游戏，他们在材料区找来纸箱、泡沫箱、纸筒等材料搭建战斗堡垒，并使用PVC管插成各式枪支。材料和场地准备好后，他们商量玩法，规定了兵分两路，每队三人，不许越界，可以使用炮弹、手榴弹和机关枪的游戏规则。游戏开始了，只见幼儿快速隐藏在堡垒后面，开始射击、投手榴弹，还伴随着躲闪、奔跑和倒地等肢体动作，发出“嘟嘟、呼呼、啊啊”的声音，幼儿在游戏中玩得不亦乐乎。(图50～53)

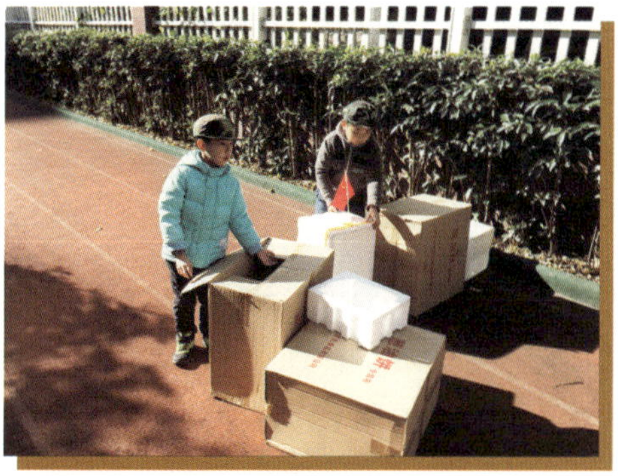

图50　搭建堡垒

图51　完成搭建

图52　准备射击

图53　投手榴弹

游戏中，纸箱等材料结构性较低，幼儿可以根据自己的需要创造性使用，他们在游戏开始前，没有堡垒自己用纸箱搭建，没有枪支自己拼插，没有子弹自己制造……低结构材料极大满足了幼儿枪战游戏的需要。运动区的游戏内容随着材料的变化而变化，在幼儿发现材料、使用材料、创造材料的新玩法的过程中，他们建立规则并不断改变规则，让我们看到不一样的材料和不一样的幼儿，也让我们看到了材料的无限张力和幼儿的无限潜能。

参考文献

［1］董旭花，韩冰川，刘霞.自主游戏观察与记录——从游戏故事中发现儿童［M］.北京：中国轻工业出版社，2015：12.

［2］李季湄，冯晓霞.《3～6岁儿童学习与发展指南》解读［M］.北京：人民教育出版社，2013：3.

［3］王秀萍.幼儿园音乐领域教育精要——关键经验与活动指导［M］.北京：教育科学出版社，2015：11.

［4］朱莉·布拉德.0～8岁儿童学习环境创设［M］.陈妃燕，彭楚云，译.南京：南京师范大学出版社，2014：10.

［5］王海英等.儿童视野的幼儿园环境创设［M］.北京：人民教育出版社，2020：106-133.

图书在版编目（CIP）数据

儿童视角的户外环境创设 / 王瑜，王海英主编. --
杭州 : 浙江教育出版社，2023.5
ISBN 978-7-5722-4371-4

Ⅰ. ①儿… Ⅱ. ①王… ②王… Ⅲ. ①儿童教育一环
境设计一研究 Ⅳ. ①G613.2

中国版本图书馆CIP数据核字(2022)第236401号

儿童视角的户外环境创设
ERTONG SHIJIAO DE HUWAI HUANJING CHUANGSHE
王　瑜　王海英　主编

责任编辑：杨世森　　**责任校对**：汤佳颖　戴正泉
美术编辑：韩　波　　**责任印务**：曹雨辰
封面设计：万方图书

出版发行：浙江教育出版社
（杭州市天目山路 40 号　邮编：310013）
图文制作：杭州万方图书有限公司
印　　刷：杭州恒力通印务有限公司

开　　本：787mm × 1092m　1/16　　**印　　张**：15.75　　**字　　数**：315 000
版　　次：2023 年 5 月第 1 版　　**印　　次**：2023 年 5 月第 1 次印刷
标准书号：ISBN 978-7-5722-4371-4　　**定　　价**：68.00 元